PÁVEL IVÁN GUTIÉRREZ

60 Secretos para el ÉXITO y la PAZ

SELECTOR®
actualidad editorial

SELECTOR®
actualidad editorial
Doctor Erazo 120, Col. Doctores, C.P. 06720, México, D.F.
Tel. (01 55) 51 34 05 70 • Fax (01 55) 51 34 05 91
Lada sin costo: 01 800 821 72 80

60 SECRETOS PARA EL ÉXITO Y LA PAZ
Autor: Pável Iván Gutiérrez Vega
Colección: Maestros del secreto

Diseño de portada: Socorro Ramírez Gutiérrez

ISBN: 978-607-453-119-0

Primera reimpresión. Agosto de 2012.

Sistema de clasificación Melvil Dewey

131
G229
2012

Gutiérrez Vega, Pável Iván
60 Secretos para el éxito y la paz / Pável Iván Gutiérrez Vega.–
Ciudad de México, México: Selector, 2012

184 pp.

ISBN: 978-607-453-119-0

1. Superación personal. 2. Psicología popular. 3. Bienestar, éxito, jóvenes.

Esta edición se imprimió en Agosto de 2012. Acabados Editoriales Tauro. Margarita No. 84 Col. Los Ángeles Iztapalapa México, D.F.

ÍNDICE

DEDICATORIA

Con todo mi amor para mi esposa Gabriela y para mis hijas Dalia y Denisse, cuya presencia me recuerda a cada instante que la vida es realmente maravillosa.

Con mucho cariño para mi familia, formada por seres extraordinarios que me han enseñado, con su ejemplo, a disfrutar plenamente de las cosas buenas que se me presentan en cada jornada.

A mi amigo Dios, quien me brindó la oportunidad de compartir este libro con una persona tan especial como tú.

¿QUÉ ES EL ÉXITO?

"El éxito no está en lo económico. Una persona no es de éxito porque le va bien en los negocios o le va bien profesionalmente o saca 10 en la escuela. Creo que eso es lo que menos vale. Lo que vale es tener los pies en la tierra, la familia, los amigos; apreciar las cosas que tienen valor verdadero, no material, no físico necesariamente".

Pienso que a este concepto bien le puedo añadir una reflexión que me regaló mi madre:

"El éxito no tiene que ver con lo que mucha gente se imagina. No se debe a los títulos nobles y académicos que posees, ni a la sangre heredada o la escuela donde estudiaste. No se debe a las dimensiones de tu casa o a cuántos carros se encuentren en tu cochera. No se trata de si eres jefe o subordinado, o si eres miembro prominente de clubes sociales. No tiene que ver con el poder que ejerces o si eres un buen administrador o hablas bonito, o si las luces te siguen cuando lo haces. No se debe a la ropa, o si después de tu nombre pones las siglas deslumbrantes que definen tu estatus social. No se trata de si eres emprendedor, hablas varios idiomas, si eres atractivo, joven o viejo. El éxito se debe a cuánta gente te sonríe, a cuántas personas amas y cuántos admiran tu sinceridad y la sencillez de tu espíritu. Se trata de si te recuerdan cuando te vas. Se refiere a cuánta gente ayudas, a cuánta evitas lastimar y si guardas o no rencor en tu corazón. Se trata de que en tus triunfos estén incluidos tus sueños; si tus logros no hieren a tus semejantes. Es acerca de tu inclusión con otros, no de tu control sobre los demás. Es sobre si usaste la cabeza tanto como tu corazón, si fuiste egoísta o generoso, si fuiste arrogante o humilde, soberbio o considerado, si fuiste exigente o tolerante. Es acerca de tu bondad, tu deseo de servir, tu capacidad de escuchar y tu valor sobre la conducta. No es acerca de cuántos te siguen sino de cuántos realmente te aman. Se trata del equilibrio de la justicia que conduce al bien tener y al bien estar. Se trata de tu conciencia tranquila, tu dignidad invicta y tu deseo de ser más, no de tener más, esto es el éxito".

Ingeniero Carlos Slim Helú

Revista *Poder*

SECRETO 1

EL GRAN PODER DE TU MENTE

El camino más corto y directo para lograr todas tus metas se encuentra en tu mente, la cual contiene pensamientos muy poderosos, mismos que te ayudarán a atraer toda la energía del universo que necesitas para convertir tus sueños en realidad.

En unos instantes, descubrirás la manera más fácil y sencilla de aprovechar el gran poder de tu mente y la forma de aplicar estos reveladores secretos para crear una vida llena de pasión, emoción, confianza y de una gran paz interior, que te permitirá disfrutar al máximo de tu éxito.

Cualquiera que sea tu más grande sueño o deseo en estos momentos, tienes la capacidad para crearlo en tu mente y hacerlo realidad. En verdad, si lo puedes soñar está a tu alcance lograrlo.

Ahora mismo, existe una fuente infinita de inteligencia, energía y sabiduría, que encontrarás si buscas en el lugar correcto: dentro de ti. En el instante en que descubras todo lo que puedes lograr con los recursos que actualmente posees en tu mente, habrás despertado a un nuevo conocimiento, la magia comenzará a surgir en tu vida, atrayendo todo lo que deseas para ti y las personas que te rodean.

Esta inteligencia te fue entregada al momento de nacer. Pero sólo un pequeño número de personas reconocen estos poderosos secretos y los usan para crear abundancia en su vida. Hoy tienes la oportunidad de ser una de estas personas.

Después de todo, no venimos al mundo a ser ordinarios. No viajamos tanto sólo para renunciar a la felicidad. Venimos a gozar, a ser felices y compartir nuestra felicidad con los demás. Para darnos cuenta de nuestro potencial infinito y universal, para hacer de nuestra existencia una experiencia realmente extraordinaria.

Tu mente tiene el poder de conducirte al destino que quieras llegar en tu vida, tus pensamientos dominantes te llevarán a cualquier lugar donde desees estar mañana. Tus acciones y comportamientos, sin darte cuenta, siguen las instrucciones de tu mente y los pensamientos dominantes que se generan en ella.

Cuando te des cuenta de que tu mente está llevándote a través del viaje de la vida, comenzarás a observar las infinitas posibilidades que tienes para llegar a donde siempre soñaste, debido a que te convertirás en el arquitecto de tu propio destino, utilizando a tu favor toda la energía del universo para lograr tus metas. Con este nuevo despertar puedes comprender que el lugar donde te encuentras ahora es el resultado de tus acciones y pensamientos del ayer. La buena noticia es que en el momento que decides cambiar, utilizando este nuevo conocimiento, empezarás a sentir que el universo está siempre a tu favor.

Cualquier cosa que programes en tu mente, aquello que decidas realizar, lo podrás obtener mediane las acciones elegidas a través de tus pensamientos dominantes, los cuales te ayudarán a atraer a las personas y circunstancias adecuadas para lograr las metas que aspiras. Ya es tiempo de que liberes al verdadero genio escondido que existe dentro de ti y de obtener las cosas que deseas en la vida.

Imagina por un momento lo que sentirías si tuvieras en tu vida todo aquello que has soñado. Por ejemplo: un gran y profundo amor con tu pareja, una fuente ilimitada de bienes materiales, éxito en todo lo que emprendas, reconocimiento por aquello que realizas, una vida mucho más plena, abundante y próspera.

El secreto consiste en utilizar adecuadamente los mensajes incluidos en este libro, para acelerar los procesos de transformación mental mediante estrategias y mensajes positivos de salud, abundancia, prosperidad, éxito, amor, riqueza espiritual y riqueza material, los cuales se encargarán de alimentar tu mente de forma continua, brindándote la energía necesaria para llevar a cabo las acciones que transformarán tu vida, creando un cambio personal permanente, de una manera rápida y sencilla.

La abundancia y el éxito se manifestarán en tu vida, debido a que te transformarás en un imán de la prosperidad. Todas las barreras se desvanecerán, las cosas que antes parecían difíciles comenzarán a revelarse sin esfuerzo aparente. Tu confianza se incrementará eliminando tus más grandes dudas y temores. Tu magnetismo personal te sorprenderá, debido a que te sentirás mucho más dinámico, entusiasmado, emocionado, y todas las personas disfrutarán estar a tu lado.

Nuevas y mejores ideas comenzarán a fluir libremente. Obtendrás ideas brillantes porque comenzarás a escuchar, a confiar y a entender tu propia sabiduría interna, incrementando así tu claridad mental, concentración, intuición y enfoque. Tú puedes generar las ideas y la energía que deseas grabar en tu mente, las opciones de lo que puedes crear y atraer son infinitas.

Es muy fácil renunciar a tus sueños por falta de fe y confianza en la energía abundante que transforma al universo. Lograr tus metas no debe ser complicado, de hecho, debe ser divertido si lo haces de la manera correcta; no es el trabajo duro, ni el físico el que trae consigo el éxito. El éxito proviene de trabajar inteligentemente, mediante la Ley de la atracción. Al pensar de manera positiva en una meta y no permitir que ninguna duda entre en tu mente, tu intuición empezará a trabajar, comenzarás a ver las oportunidades y tendrás una energía increíble a tu disposición, con la cual lograrás tus objetivos en la vida.

La atención, intención y energía canalizadas mediante la visualización creativa y las afirmaciones desarrollarán tu fortaleza personal, concentración, poder y autodisciplina. De esa forma activarás tus poderes internos. Lo único que necesitas es activar primero el gran poder de tu mente.

El éxito aparece de diferentes maneras, a veces maravillosa, milagrosa u ordinariamente y otras mediante la oportunidad que surge ante ti. La puerta de la abundancia se abre cuando te levantas y tomas ventaja de las oportunidades que se te presentan en la vida.

Tu mundo interno controla a tu mundo externo. Cuando hayas convencido a tu mundo interno de que eres excelente, de inmediato te convertirás en un ser excelente. Lo que pienses constantemente se convertirá en tu realidad.

Puedes tener tantas cosas como quieras aceptar. Si puedes verlo, entonces puedes tenerlo; sólo tienes que darte permiso para pensar en grande, tienes que permitirte expandir tus horizontes.

La autoestima es el inicio y el final de todo lo que eres y lo que serás. Aumentar tu autoestima es fundamental en tu vida. Recuerda: "Lo más importante es cómo te ves a ti mismo, ya que el ser humano puede tener éxito en todo aquello por lo que sienta gran entusiasmo y una pasión sin límites".

El elefante encadenado

Cuando yo era chico me encantaban los circos, y lo que más me gustaba de los circos eran los animales. También a mí, como a otros niños, me llamaba la atención el elefante.

Durante la función la enorme bestia hacía alarde de su peso, tamaño y fuerza descomunal. Pero después de su actuación, y hasta un rato antes de volver al escenario, el elefante quedaba sujeto solamente por una cadena que aprisionaba una de sus patas a una pequeña estaca clavada en el suelo.

Sin embargo, la estaca era sólo un minúsculo pedazo de madera apenas enterrado unos cuantos centímetros en la tierra. Y aunque la cadena era gruesa y poderosa me parecía obvio que ese animal, capaz de arrancar un árbol de cuajo con su propia fuerza, podría con facilidad arrancar la estaca y huir.

El misterio era evidente: ¿qué lo mantiene?, ¿por qué no huye?

Cuando tenía cinco o seis años yo todavía confiaba en la sabiduría de los grandes. Pregunté entonces a algún maestro, a algún padre o a algún tío por el misterio del elefante. Alguno de ellos me explicó que el elefante no se escapaba porque estaba amaestrado. Hice entonces la pregunta obvia: "Si está amaestrado, ¿por qué lo encadenan?" No recuerdo haber recibido ninguna respuesta coherente.

Con el tiempo me olvidé del misterio del elefante y la estaca. Y sólo lo recordaba cuando me encontraba con otros que también se habían hecho la misma pregunta.

Hace algunos años descubrí que, por suerte para mí, alguien había sido lo bastante sabio como para encontrar la respuesta: "El elefante del circo no escapa porque ha estado atado a una estaca parecida desde que era muy, pero muy pequeño".

Cerré los ojos y me imaginé al pequeño recién nacido sujeto a la estaca. Estoy seguro de que en aquel momento el elefantito empujó, tiró y sudó tratando de soltarse. Y a pesar de todo su esfuerzo no pudo. La estaca era ciertamente muy fuerte para él. Juraría que se durmió agotado y que al día siguiente lo volvió a intentar, y también al otro y al que le seguía. Hasta que un día, un terrible día para su historia, el animal aceptó su impotencia y se resignó a su destino. Este elefante enorme y poderoso que vemos en el circo no escapa porque cree, el pobre, que no puede.

Tiene el registro y el recuerdo de su impotencia, de aquella impotencia que sintió poco después de nacer. Y lo peor es que jamás se ha vuelto a cuestionar seriamente ese registro. Jamás intentó poner a prueba su fuerza otra vez.

Vivimos creyendo que "no podemos lograr" muchas cosas simplemente porque alguna vez, antes, cuando éramos chiquillos, alguna vez probamos y no pudimos. Hicimos entonces lo mismo que el elefante, grabamos en nuestro recuerdo la frase: "No puedo, no puedo y nunca podré". Hemos crecido portando ese mensaje que nos impusimos a nosotros mismos en nuestra mente y nunca más lo volvimos a intentar.

Cuando mucho, de vez en cuando, sentimos los grilletes, hacemos sonar las cadenas o imaginamos la estaca y confirmamos el estigma: "No puedo, no puedo y nunca podré". Vivimos condicionados por un recuerdo que permanece en nuestra mente.

La única manera de saber si puedes, es intentarlo de nuevo, poniendo todo tu corazón y tu vida para hacer que las cosas sucedan.

Jorge Bucay
Cuentos para pensar

SECRETO 2

LA ACTITUD MENTAL POSITIVA

Uno de los grandes descubrimientos del hombre no es el automóvil ni la bomba atómica; el descubrimiento más importante de todos los tiempos es que el ser humano puede cambiar y transformar su vida por completo modificando su actitud, ya que bajo cualquier circunstancia en que nos encontremos, así sea la situación más adversa por la que estemos atravesando, todos tenemos la posibilidad de elegir cómo reaccionar ante el escenario que nos esté planteando la vida.

En ciertos momentos nada parece tener solución, y cuando apenas comenzamos a resolver un problema, surge otro reto que parece ser aún mayor, cubriendo nuestra vida con una pesada losa de situaciones adversas que parecen no tener fin, y estamos tan inmersos en ellas y tan preocupados por resolverlas al mismo tiempo, que es prácticamente imposible detenernos un poco para analizar y resolver los problemas de forma rápida y efectiva, ya que cualquier situación, por difícil que parezca, tiene solución, todo es cuestión de no hacer una tormenta en un vaso de agua y reaccionar de una manera positiva, aceptando con serenidad las situaciones que no pueden cambiar. De esta forma, elegiremos la actitud con la que llenaremos nuestra existencia de paz, amor y armonía, ya que la vida favorece a quienes muestran siempre una actitud positiva ante cualquier reto.

Frecuentemente, nos vemos envueltos en situaciones adversas que parecen no tener fin, estas pequeñas adversidades ocurren todos los días de nuestra vida, pero cuando nos damos cuenta de que la mayoría de los "problemas" son realmente fáciles de resolver, aprendemos a no preocuparnos por los retos que tenemos que enfrentar en cada jornada de nuestro existir.

Muchas personas empleamos demasiada energía de nuestra vida pensando en que tenemos bastantes problemas sin resolver, debido a ello, a menudo nos perdemos la oportunidad de entrar en contacto con nosotros y disfrutar de las cosas bellas y mágicas que la vida nos ofrece a cada instante, ya que pocas veces nos damos cuenta de que si nos comprometemos para conseguir las metas que tenemos, muchas veces terminamos lográndolas. Siempre ten presente que existe una fuerza más poderosa que la producida por la energía atómica: "El extraordinario poder que llevas dentro de ti".

Responde sí a la vida, ahora mismo, con entusiasmo, con alegría, con fe, con confianza, con ganas de disfrutar de esta maravillosa aventura. Recuerda que una buena idea, puesta en acción, es todo lo que requieres para alcanzar el éxito que deseas obtener.

Despierta a una nueva vida, actívate, confía en ti, llénate de optimismo y de positivismo creador; abandona tus temores, deja atrás tu inseguridad y la falta de confianza en ti mismo, deja a un lado los vestigios de tus limitaciones mentales, despójate del disfraz de la mediocridad porque no te pertenece, no te identifica, no te luce, no te queda bien. Tu mente creativa ha despertado, te llama a la acción, al logro de más y mejores resultados. Jamás olvides que el presente es lo único que en realidad te pertenece. No permitas que se te escape ese instante mágico.

Imagina, sueña, cree y atrévete a llevarlo a cabo.

Pável Iván

SECRETO 3

MEJORA TU PENSAMIENTO

Lo que medites y lo que pienses, en eso te convertirás. El dominio de las emociones es sumamente importante en la vida para conseguir un equilibrio mental, salud corporal, éxito y logros deseados. Los pensamientos se convierten en cosas tangibles, cuando son revestidos con sentimientos y acciones positivas.

El efecto inmediato del pensamiento sobre nuestro cuerpo, espíritu, felicidad y, en general, con todos y cada uno de los aspectos de nuestra vida está fuera de discusión, debido al gran poder que ejerce sobre nuestras acciones y, por consiguiente, sobre el resultado de éstas.

Un pensamiento es una acción en proceso de nacer. Todo lo que hacemos es el resultado de algo que tenemos guardado en la mente. Por un impulso momentáneo podemos hacer ciertas cosas, pero dicho impulso es el resultado de lo que hemos tenido y sentido antes en nuestra mente. Tú puedes tener todo lo que deseas, siempre y cuando cambies tu manera de pensar y de actuar para atraerlo.

La mente es una gran fuente de energía y de poder. La clase de acciones que realizamos en nuestra vida, dependen del tipo de pensamientos que tengamos. El control de éstos es el proceso adecuado para el control de uno mismo. La mejor manera de formar buenos hábitos, es pensar de forma constructiva y positiva, y acompañar estos pensamientos con la acción correspondiente. Ellos afectan directamente nuestra vida, al controlarlos podemos dirigir nuestras acciones y, mediante éstas, cambiar el rumbo de nuestra existencia.

Los pensamientos atraen el material del universo para su expresión tangible; lo que está presente en la mente con fina claridad y visión interna, de forma dominante, se manifiesta en la vida; cada modalidad de pensamiento produce un fruto de su propia clase.

Pensar de forma adecuada ejercita tu mente para que tenga sólo aquellos pensamientos que armonizan con las leyes naturales que guían al universo, produciendo así el éxito que realmente vale la pena obtener. Recuerda que el éxito es la máxima utilización de las habilidades que ya posees. El secreto del éxito consiste en la constancia en un propósito.

SECRETO 4

VIVE EL PRESENTE

Una clave para obtener la felicidad en nuestra vida es disfrutar el presente ya que, independientemente de lo que haya sucedido ayer o en el pasado y lo que pueda suceder mañana o en el futuro, siempre estaremos viviendo el presente.

Si dejamos que los problemas del pasado y las preocupaciones futuras dominen nuestro presente, viviremos en una situación de constante angustia, ansiosos, frustrados y deprimidos por los hechos que nos sucedieron en el pasado y esperanzados en que algún día todo sea mejor que hoy, desafortunadamente ese día casi nunca llega a nuestra vida y desperdiciamos momentos preciados planeando el futuro, en lugar de estar viviendo el presente, dejando que nuestra vida se desvanezca muy rápido, como una tenue marca grabada en la arena de la playa de la vida, que desaparece por siempre ante el más leve soplo de los vientos del tiempo.

Debemos comprender que el presente es el único tiempo que tenemos, y poner atención a este instante nos permite alejar de nuestra mente el miedo a las situaciones que se nos pueden presentar en el futuro, aprendiendo a enfocar la atención solamente en el presente, ya que ésta es la mejor forma de tomar el control de nuestra vida, esculpiéndola y transformándola, poco a poco, de manera siempre positiva, hasta llegar a crear la más bella de las obras maestras que jamás hayamos visto, nuestra propia existencia.

Abre tu mente para recibir la bondad de la gente buena, sé optimista, el amor lo encontrarás en todos los rincones del mundo, no te cierres a ese bello sentimiento de vivir en paz y con serenidad, es todo lo que necesitas para triunfar.

Los milagros ocurren a cada momento. A veces no los ves porque estás preocupándote por lo que no vale la pena, aléjate de los egocéntricos, los que solamente ven lo malo de otros, de las personas negativas que sólo están preocupadas por criticar a los demás. No los dejes entrar en tu vida, ya que te robarán la energía que requieres para lograr tus metas. Jamás olvides que los milagros suelen ocurrir cuando pones empeño, voluntad y pasión en algo que vale la pena lograr. Ya elegiste ser feliz, pues que así sea, es la mejor medicina para el corazón: amor, perdón, ser positivo y feliz, te convertirá en la clase de persona que todos queremos ser.

Pensar bien es crear

Siempre que salgas al aire libre, con el mentón retraído y la cabeza erguida, llena los pulmones hasta donde te sea posible. Siente el calor del sol. Saluda a tus amigos con una sincera sonrisa y en cada apretón de manos pon el alma. No temas ser mal comprendido y no desperdicies un solo minuto pensando en tus enemigos. Busca la forma de determinar firmemente lo que deseas hacer y ve directamente hacia la meta.

Mantén fija tu atención en las cosas grandes y espléndidas que te gustaría hacer, ya que a medida que pasen los días observarás que, inconscientemente, aprovecharás todas las oportunidades requeridas para cumplir tu deseo. Fíjate la idea de la persona capaz, dinámica y útil que deseas ser; esa idea te transformará, hora tras hora, en esa persona. Supremo es el pensamiento. Conserva la actitud mental adecuada: la actitud del valor, la franqueza y el buen carácter.

Pensar bien es crear. Todas y cada una de las cosas se realizan a través del deseo y todas las plegarias sinceras tienen siempre respuesta.

Llegamos a identificarnos con las ideas que se fijan en nuestros corazones. Así, pues, retrae el mentón y levanta tu cabeza: todos somos seres espirituales en estado de constante evolución.

Helbert Hubbard
Health and Wealth

SECRETO 5

DISFRUTA DE LA VIDA

La felicidad no depende de factores externos,
es una actitud y una elección personal
de ver todas las cosas positivas que te rodean.

Pável Iván

21 formas para disfrutar de la vida

El ideal al que se debe aspirar es aceptar lo que uno tiene y lo que uno es, disfrutar intensamente la vida a cada instante, mientras se trabaja para lograr las metas deseadas. La felicidad es algo que debe buscarse, ganarse, cultivar y, desde luego, apreciar. El secreto del éxito en la vida consiste en estar alerta y preparado para aprovechar todas las oportunidades que se presentan a cada instante.

Comparto contigo los siguientes pensamientos, los cuales te ayudarán a recordar que la vida es buena.

1. **Cambie su enfoque.** Viva cada día como si fuera el último. Se dice que la gente que ha sobrevivido a una enfermedad o un accidente mortal, que ha vivido una tragedia o ha perdido a un ser querido, posee una perspectiva distinta de la vida. Muchos dirán que ya no dejan nada para después. Viajan ahora,

aprenden cosas nuevas ahora, se comunican con un amigo ahora. Por experiencia saben —y todos nosotros deberíamos recordarlo— que podría no haber un mañana, es por ello que debemos de vivir hoy con intensidad y pasión por la vida.

2. **Lleve un diario.** Haga una lista de las cosas buenas que le suceden cada día. ¿Qué fue aquello tan lindo que le dijo su hijo el otro día? No lo recordará si no lo anota. Escribiéndolos, también pueden resolverse los problemas y las cosas malas o negativas pueden apartarse del pensamiento. Pruébelo, por favor: ¡por supuesto que funciona!

3. **Ponga las cosas en perspectiva.** Piense en cómo le gustaría que lo recordaran y qué le gustaría decirles a sus nietos acerca de su vida. ¿Realmente es tan importante cambiar las sábanas cada semana y tener los pisos inmaculados? Aquella junta del año pasado que le impidió asistir al festival escolar de sus hijos, ¿importa ahora?

4. **No permita que lo irriten las pequeñeces.** No vale la pena que desperdicie sus energías enojándose por los pequeños contratiempos de la vida. Sonría y salude amablemente al conductor que no quiso cederle el paso, seguramente se trata de alguien descortés y agresivo, pero ése es su problema. ¿Perdió usted su transporte? Irritarse no sirve de nada; el transporte ya se fue. Disfrute de un buen café mientras espera a que llegue el próximo.

5. **Realice las tareas desagradables o complicadas que no puede eludir.** Hágalas ya, por favor. Dejar las cosas para después desgasta el espíritu y agobia la mente. Si está pensando y preocupándose por algo que tiene que hacer, más vale que ponga manos a la obra. A veces, tardamos más tiempo dándole vueltas desgastantes a la actividad que debemos de realizar, que el tiempo que tardaríamos en llevarla a cabo.

6. **Cambie su rutina.** La vida empieza a parecer una faena tediosa cuando hacemos lo mismo día tras día, semana tras semana. Necesitamos darle interés y variedad. Si usted acostumbra

dormir los domingos por la mañana, levantarse tarde deja de ser algo especial. ¿Por qué no se levanta temprano y se va a desayunar al parque o al campo? Llegará antes que el resto de la gente y se irá cuando los demás apenas estén llegando. El día le parecerá mucho más productivo. O bien, si usted nunca se levanta tarde, ¡busque la forma de hacerlo un día!, ¡realmente disfrutará de este cambio de rutina!

7. **No compita con los demás.** De acuerdo, otros tienen una casa más grande, lo último en equipo de sonido, un auto nuevo... ¿Y eso qué? Es probable que ellos se lo ganaran con el sudor de su frente, trabajando de manera inteligente y honesta para obtener todos los bienes materiales que hoy poseen. En la vida se trata de ser cada vez más creativos y cada vez menos competitivos.

8. **Haga una limpieza a fondo y deshágase de las cosas innecesarias.** La ropa que no ha utilizado en un año, la vajilla que siempre ha odiado, los utensilios de cocina que sólo le estorban y las sábanas que ya no usa, juguetes, libros, muebles... Obsequie todo esto a la beneficencia y habrá ayudado a algunas familias jóvenes que apenas empiezan, a estudiantes o a la gente pobre. La ventaja adicional es que usted tendrá alacenas y estantes más despejados, las tareas domésticas serán más fáciles, el *feng shui*, la energía y la armonía de su hogar mejorarán sustancialmente.

9. **En sus relaciones, recuerde amar a su pareja tal como es.** ¿De veras él o ella ha cambiado tanto? o ¿será en realidad la misma persona de la que se enamoró? Quizá la relación requiere atención, ya que todo necesita cierto trabajo de mejoramiento después de algunos años.

10. **No permita que la familiaridad genere indiferencia.** Tanto su pareja como su familia merecen, por lo menos, la misma consideración que usted muestra hacia sus amigos. Y usted también merece lo mismo de todos ellos.

11. **Dígales a su pareja, hijos, familiares y amigos que los ama.** Dígales lo que les gusta a ellos. Elógielos cuando hagan algo bien.

Un poco de alabanza no daña a nadie, y pronto le van a decir a usted también que está haciendo bien las cosas. Todo eso, y mucho más, es posible.

12. **Comuníquese por teléfono, correo electrónico o convencional con algunos viejos amigos.** Aunque haya perdido contacto con ellos, no tiene que ser para siempre. Y, ¿cuánto tiempo ha pasado desde que habló con su tía favorita? A ella le encantaría saber de usted.

13. **Mejore su estado de ánimo con plantas.** Corte unas flores frescas de su jardín, o levántese temprano y vaya al mercado para llenar su casa de flores, frutas y verduras poco costosas. ¡Reviva la costumbre de tener plantas en macetas! Llenarán su casa de vida y color.

14. **Realice un viaje a la playa.** El vasto horizonte, el viento, las olas, los pies descalzos en la arena, el sol en la espalda... No hay nada mejor para el espíritu que entrar en contacto con la naturaleza y respirar aire fresco.

15. **Salga a caminar.** Este suave ejercicio lo llenará de vigor físico y metal desde la primera vez. Hágalo regularmente y se sentirá cada día mejor.

16. **Rente un video divertido.** Ríase todo lo que pueda. También a carcajadas. La risa es el mejor alimento para el alma.

17. **Cambie de lugar los muebles y la decoración de su casa, y pinte las paredes.** Es cierto: un cambio de ambiente es tan bueno como disfrutar un día libre.

18. **Regálese algo que lo llene de emoción:** unas vacaciones largamente anheladas, un libro, una salida en la noche, un masaje.

19. **Invite a sus amigos a cenar.** Decore el comedor y la mesa. Reciba a sus invitados con bebidas de bienvenida y ponga música agradable. Dedique tiempo suficiente a planear el menú, disfrute salir de compras y preparar los alimentos. La gente va a

responder de manera positiva al ver que usted hizo un verdadero esfuerzo por complacerlos a todos. La noche resultará muy divertida. Y no se preocupe por la limpieza, antes y después de la reunión, contrate a una persona que le pueda ayudar con esta labor, la inversión habrá valido la pena, ya que se tratará de un evento especial que no se lleva a cabo todos los días.

20. **Sonría.** Sonreír es contagioso. Pruebe y lo comprobará.

21. **Alégrele el día a alguien.** Comience por dominar el impulso de tocarle la bocina al conductor del automóvil de adelante. Podría incluso hacer algo positivo dedicando su tiempo a una obra de caridad o beneficencia.

No debemos permitir que alguien se aleje de nuestra presencia sin sentirse mejor y más feliz.

Madre Teresa de Calcuta
A Simple Path

SECRETO 6

EL ÉXITO ESTÁ EN TUS MANOS

En tus manos está el poder
de convertir tus sueños en realidad.

Pável Iván

Es muy triste ver cómo posponemos nuestra felicidad pensando que algún día conseguiremos algo que andamos buscando, imaginando que seremos felices cuando un evento o plan de vida sea cumplido, como graduarnos, casarnos, ser padres, tener un gran auto o una casa, jubilarnos, etcétera.

Mientras permanecemos soñando con ser felices un día, la vida pasa de largo sin que nosotros lleguemos a comprender que el mejor momento para ser felices es hoy, ya que si no es ahora, después va a ser un poco más difícil.

Nuestra vida siempre estará llena de cosas positivas y negativas, de retos, sueños y metas por cumplir, es bueno entender esto y decidirnos a ser felices hoy, dando siempre lo mejor de nosotros mismos, ya que la felicidad no consiste en conseguir lo que queremos, sino en disfrutar de la mejor manera posible del camino que nos llevará a lograrlo.

Debes reflexionar, meditar y considerar que el nivel de éxito, satisfacción y bienestar que puedas lograr en cualquier proceso de tu vida:

1. Sólo depende de ti.
2. Mientras mayor sea tu dedicación, tu entrega y tu compromiso (contigo mismo) más rápido y más fácilmente podrás acceder a un mejor nivel de vida.
3. Cuanto más clara sea tu intención, más positivamente podrás desarrollar tus aptitudes innatas.
4. El resultado que logres obtener se deberá 100% a tu dedicación y entrega. Sólo deberás darle gracias a Dios por todo lo que tienes en la vida y por lo que está por venir.

En el instante que descubras quién camina a tu lado, dejarás de experimentar miedos y dudas, para llenar tu vida con la fe y la esperanza que necesitas para lograr el éxito.

Pável Iván

Vive la vida, no permitas que se te escape

No dejes que termine el día sin haber crecido un poco, sin haber sido feliz, sin haber ayudado a alguien más a crecer, sin haber aumentado tus sueños y, sobre todo, sin haber amado.

No te dejes vencer por el desaliento. No permitas que nadie te quite el derecho a expresarte, lo cual es casi un deber.

No abandones las ansias de hacer de tu vida algo extraordinario. No dejes de creer que las palabras y las poesías sí pueden cambiar el mundo.

Pase lo que pase nuestra esencia está intacta. Somos seres llenos de mucha pasión.

La vida es desierto y oasis. Nos derriba, nos lastima, nos enseña, nos convierte en protagonistas de nuestra propia historia.

Aunque el viento sople en contra, la poderosa obra continúa: tú puedes aportar una estrofa.

No dejes nunca de soñar, porque en sueños es libre el hombre.

No caigas en el peor de los errores: el silencio.

La mayoría vive en un silencio espantoso. No te resignes. Huye.

"Emito mis alaridos por los techos de este mundo", dice el poeta.

Valora la belleza de las cosas simples. Se puede hacer bella poesía sobre pequeñas cosas, pero no podemos remar en contra de nosotros mismos. Eso transforma la vida en un infierno. Disfruta de la emoción que te provoca tener la vida por delante.

Vívela intensamente, sin mediocridad. Piensa que en ti está el futuro y encara la tarea con orgullo y sin miedo.

Aprende de quienes puedan enseñarte. Las experiencias de quienes nos precedieron, de nuestros "poetas muertos", te ayudan a caminar por la vida.

La sociedad de hoy somos nosotros, los "poetas vivos".

No permitas que la vida pase sin que la disfrutes al máximo.

Walt Whitman
Leaves of Grass

SECRETO 7

TU VOZ INTERNA

Todos contamos con un sistema de guía interno que nos permite sobrevivir y, en ocasiones, triunfar en la vida. Este sistema se compone de tus sentimientos y te permite tomar decisiones que para el mundo no parecen tener sentido. Los sentimientos se hacen presentes mediante tus corazonadas, todo es cuestión de estar muy atentos cuando éstas nos tratan de decir algo.

Cuántas veces dejamos de escuchar nuestras corazonadas y no nos atrevemos a actuar en consecuencia, recordemos todo lo que hemos pospuesto sólo por el temor que nos invade al pensar que las cosas nunca sucederán de la manera en que nuestras corazonadas nos están diciendo. Libérate y atrévete a ponerles atención. Realiza ese viaje que tanto has deseado, pide ese aumento de sueldo que tu interior dice merecer, declara tu amor a esa persona tan especial, elabora ese proyecto que piensas que resultará exitoso, emprende ese negocio con el que siempre has soñado o haz cualquier cosa que desees en la vida, considerando a las corazonadas como tus mejores aliadas, al fin y al cabo, lo peor que puede ocurrir es que logres lo que quieres en más de un intento, pero al obtenerlo habrás comprendido que valió la pena atreverse y que la mejor forma de vencer el temor que envuelve a nuestras corazonadas es realizar lo que soñamos en la vida, empleando toda la pasión e intensidad para conseguirlo y teniendo a nuestro amigo Dios como el líder de nuestra empresa.

Una vez se me ocurrió pedirle a una persona un consejo que me ayudara a mejorar mi vida y su respuesta fue que una de las mejores cosas que podemos hacer es confiar en las corazonadas y desaparecer el "lo sabía" de nuestro vocabulario, ya que es mejor arrepentirse de las cosas que hacemos, siguiendo nuestra intuición de forma constructiva y bien intencionada, aunque no haya salido del todo bien, que vivir con la duda del "qué hubiera pasado".

Confiar en las corazonadas significa escuchar y tener fe en esa voz interna que sabe lo que realmente necesitamos hacer, qué acciones debemos tomar o qué cambios necesitamos realizar para mejorar el estado actual de nuestra vida.

Muchas personas dejamos de escuchar a las corazonadas por miedo a no comenzar algo sin antes analizarlo a detalle, debido a la creencia de que todas las preguntas de la vida solamente provienen de nuestro raciocinio.

Si nos atrevemos a sobreponernos a ciertos temores, las corazonadas siempre tendrán la respuesta correcta, si aprendemos a confiar en ellas, nuestra vida iniciará una mágica aventura, encontrando un nuevo significado, ayudándonos a derribar las barreras que nos impiden mejorar como personas. Ésta es una forma de abrir los ojos y los corazones a las grandes fuentes de sabiduría y de gracia que la vida nos ofrece.

Si no estás acostumbrado a confiar en tus corazonadas, puedes comenzar por tomarte un profundo respiro para limpiar tu mente y escuchar a tu yo interno, ignorando cualquier pensamiento habitual y racional que penetre en tu mente, poniendo atención solamente a los tranquilos pensamientos del alma.

Siempre tendremos la oportunidad de buscar y de encontrar excelentes corazonadas, respondamos a ellas por medio de la acción bien intencionada, a cambio de ello obtendremos experiencias más que positivas y llenas de amor. Comencemos a confiar en las corazonadas en este instante y seguro veremos un mundo mejor en nuestra vida.

Recuerda que sólo las personas que se esfuerzan por lograr lo que quieren son las que alcanzan todas sus metas. El secreto del éxito consiste en prepararse para aprovechar la ocasión cuando se presente. Haz todo lo que esté en tus manos realizar y no te preocupes, Dios hará el resto.

Las personas no son recordadas por el número de veces que fracasan, sino por el número de veces que tienen éxito.

Thomas Alva Edison
Creating a Success Environment

SECRETO 8

LA FUENTE INFINITA DE ENERGÍA

Un poco de filosofía inclina al espíritu humano al ateísmo, pero las profundidades filosóficas llevan a los espíritus humanos a la religión, es entonces cuando nos damos cuenta de que por medio de la oración y la fe, podemos alejarnos de las ansiedades, tensiones y miedos que causan la mayoría de nuestros males, ya que la cura soberana para la preocupación es la fe religiosa.

Los seres humanos no estamos hechos para comprender la vida, sino para vivirla mediante la fuerza de la fe, pues la carencia de ésta puede significar un desplome total, debido a que Dios dirige las cosas y, con Él a cargo de ellas, todo acabará de una mejor manera.

Un hombre solo puede ser derrotado fácilmente, pero un ser humano con el poder de Dios en su interior es invencible.

Si uno busca primeramente el reino de Dios, su justicia y todo lo demás se nos dará por añadidura, es por ello que debemos mantener una buena relación con Él, ya que al abrirnos a su influencia se cumplirá nuestro último destino.

La oración es la forma más poderosa de energía que podemos generar. Es una fuerza tan real como la gravedad terrestre. Algo mágico sucede con aquellos seres humanos que, después de fracasar con todos los procedimientos curativos, han vencido la enfermedad y la melancolía mediante la cura divina de la oración, ya que en ésta, los seres humanos encontramos la manera de aumentar nuestra energía finita dirigiéndonos a la fuente infinita de toda energía. Cuando rezamos nos ponemos en contacto con el inagotable poder motivador que hace girar el universo.

Tan pronto como compartimos nuestros problemas con un poder superior al nuestro, sentimos una indescriptible paz interior, capaz de mejorar el estado de ánimo de manera casi inmediata, permitiéndonos compartir esa carga con el único ser que lo puede todo.

Recuerda que el artista no es nada si no está conectado con su don, pero el don no es nada a no ser que sea utilizado en algo productivo. El éxito consiste en seguir siempre adelante y jamás darse por vencido. Si en verdad queremos vivir mejor, lo más importante es empezar cuanto antes a intentarlo, ya que el mundo pertenece a aquellos que actúan ante todas y cada una de las oportunidades que se les presentan.

SECRETO 9

CALIDAD DE VIDA

En los tiempos actuales, en donde lo único que parece permanecer constante es el cambio, la frase "calidad de vida" se encuentra en la mente de todos, debido a que puede significar la diferencia entre el éxito y el fracaso de una persona. Así pues, exploraremos brevemente la actitud que debemos asumir en la vida con la finalidad de superar todos los retos que se nos puedan presentar en cada jornada.

La calidad de vida depende mucho de la actitud que tomamos ante cada situación, es decir, es la manera en la cual reaccionamos ante los retos que se nos presentan en los diferentes roles que desempeñamos como personas.

La actitud positiva nos hace realizar actividades por encima de las dificultades, los contratiempos y el estado de ánimo, ya que la calidad es la capacidad que nos mueve a realizar las cosas mediante una actitud positiva, por encima de cualquier circunstancia.

Enfocándonos en mejorar la calidad de vida, nos orientamos por aquello que parece bueno ante nuestros ojos, desde las actividades recreativas, hasta el empeño por mejorar en el trabajo, sacar adelante a la familia y ser cada vez más productivos y eficientes.

En la vida, debemos comprender que la calidad no llega con el tiempo, el simple deseo o la motivación, requiere de acciones inmediatas, planeación, esfuerzo y trabajo continuo. Aunque los recursos económicos y materiales sean necesarios, la calidad de vida no debe estar orientada en la acumulación de los mismos, como una manera fácil de medir nuestro progreso, ya que los aspectos fundamentales en los cuales debemos estar enfocados son principalmente los siguientes:

- ✓ La atención y los cuidados que le brindamos a nuestra familia. Además de ello, debemos emplear nuestro tiempo libre para convivir, conversar, realizar algún pasatiempo o hacer cualquier actividad para cultivar nuestra relación de pareja.
- ✓ En el ámbito social, debemos procurar rodearnos de personas con pensamientos y actitudes positivas, con las cuales se compartan y desarrollen ideas que nos ayuden a crecer como seres humanos.
- ✓ En el terreno profesional, no debemos quedarnos con lo que hemos aprendido, tenemos que buscar los medios para ser más competentes, como el estudio o la capacitación, cuyas aplicaciones nos permitan tener un mejor rendimiento laboral. Además de lo anterior, debemos emprender una búsqueda constante para crear nuevos sistemas para realizar nuestro trabajo lo mejor posible.

Las posibilidades de tener una mejor calidad de vida son innumerables y ante tantos aspectos podemos caer en el desánimo. En esta vida, lo que realmente vale la pena requiere de perseverancia y paciencia para alcanzarlo, es entonces cuando nuestra actitud positiva hacia las circunstancias se hace sublime —alejada de toda vanidad y soberbia— con el gozo interior de acercarnos cada vez más a la cima de la calidad humana. A veces, falta enfoque de pensamiento y energía en lo que uno quiere lograr. Recuerda que la vida no te da lo que tú quieres sino aquello en lo que te enfocas constantemente.

Una actitud mental positiva te abrirá todas las puertas que encuentres en tu camino hacia el éxito. Si eres entusiasta en lo que emprendas, atraerás a las personas y circunstancias necesarias para lograr tus sueños. Ponte en acción para lograr tus objetivos en la vida, recuerda que los problemas no son más que oportunidades en ropa de trabajo.

Tú puedes elegir ser feliz, noble, próspero, abundante, eficiente, sencillo, productivo, amoroso, responsable, entusiasta, optimista, positivo; y puedes tener miles de pensamientos, emociones o sentimientos, acciones, actitudes y reacciones que conviertan tu mundo en una larga lista de éxitos y satisfacciones, mejorando tu calidad de vida y la de tus seres queridos. Todo depende de ti. "Tú tienes el poder de transformar tu vida".

SECRETO 10

LO REALMENTE IMPORTANTE

Muchas personas vivimos con la creencia de que nuestro propósito en la vida es enfocarnos en diversas tareas y siempre buscamos nuevas actividades que realizar, pues estamos convencidos de que ése es el camino que debemos tomar para tener éxito. Nos levantamos temprano, nos quedamos hasta tarde en el trabajo y nuestra vida se convierte en una búsqueda constante de nuevos proyectos por completar y trabajos que hacer, eso no tendría nada de malo, tomando en cuenta que el trabajo es importante para vivir; sin embargo, es triste ver que muchas veces se convierte en la vida misma. Nos alejamos tanto de nuestros seres queridos, dejamos de disfrutar de la sana diversión que la vida nos ofrece y perdemos el interés en las relaciones personales, con las terribles consecuencias que esto acarrea. Por lo anterior, es esencial recordar que no hay nada tan importante como nuestro propio sentimiento de felicidad y paz interior, disfrutando de la vida al lado de quienes amamos. Cuando nos obsesionamos por tener la agenda llena de proyectos y tareas por realizar, muchas veces nos olvidamos del verdadero sentido de nuestro existir: el estar bien, ya que es importante el "bien hacer" y el "bien tener", pero si no conseguimos el bienestar de nada sirve todo lo anterior.

Si pensáramos en lo que realmente es urgente e importante, descubriríamos que en realidad casi todo puede esperar y que muy pocas cosas deben realizarse de manera urgente. Debemos siempre recordar que el propósito de la vida no es tener una agenda llena, ni realizar todas las tareas que tenemos descritas en ella, pues siempre será mejor disfrutar cada paso del camino y llenar nuestra vida de amor. Recuerda que cuando tú mueras, aún habrá una cantidad infinita de tareas por realizar y, lo peor del caso, siempre habrá alguien que las realizará por ti. Nunca desperdicies los maravillosos momentos que la vida te ofrece, ya que jamás nadie ha dicho en su lecho de muerte: "Hubiera querido vivir más para permanecer más tiempo en la oficina", pero regularmente diremos: "Hubiera querido entregar más amor, aquí y ahora".

El hombre más feliz del mundo es aquél que sepa reconocer los méritos de los demás y pueda alegrarse del bien ajeno como si fuera propio.

Johann Wolfgang Goethe
The Search for Self-Respect

SECRETO 11

LA IMPORTANCIA DE LA ACCIÓN

"Lo principal para nosotros es no ver lo que está vagamente a lo lejos, sino lo que está claramente a la mano", me decía mi abuelo, refiriéndose a que la mejor forma de prepararse para el mañana es concentrarse con pasión, inteligencia, entusiasmo; actuando y trabajando bien hoy, ya que éste es el único modo de crear el futuro que deseamos.

Es muy triste llegar al final de la vida y descubrir que nuestro punto débil no fue la ignorancia, sino la falta de acción, pues en esta etapa la mayoría de las personas descubrimos que si se le enseña algo a un hombre, nunca lo aprenderá, dado que el aprendizaje es un proceso activo y el mayor aprendizaje se realiza mediante la acción.

Cada día es una nueva vida para el hombre sabio que comprende que el mañana cuidará de sus propias cosas y que cada día trae su propio afán, pero hay que actuar aquí y ahora, ya que feliz es el hombre que comprende que es dueño de este instante.

Una característica trágica del ser humano es la tendencia a escapar del presente, debido a que todos soñamos con un mágico jardín de rosas que vemos en el horizonte, en lugar de permitirnos disfrutar de la fragancia de las bellas rosas que florecen al pie de nuestro balcón.

La felicidad consiste en vivir y disfrutar de cada día, cada hora, cada segundo y cada instante, actuando, aquí y ahora, con toda la pasión e intensidad del universo, ya que el hoy es la posesión más valiosa con la que contamos.

Transformemos los sueños en una dulce realidad, en este día hecho para nosotros por el Señor, pues el breve curso del presente nos ofrece todas las verdades y realidades de nuestra existencia, invitándonos sutilmente a trascender mediante la acción que nos brinda la gloria de la realización.

Sé feliz hoy, dado que el ayer es sólo un sueño y el mañana una visión, pero el hoy bien vivido hace de todo el ayer un sueño de felicidad y del mañana una bella visión de fe y esperanza.

Entre estímulo y respuesta, el ser humano tiene la libertad interna de escoger, el poder de elección, la capacidad de seleccionar la respuesta y hacernos responsables por ello. No puedes evitar que una emoción te asalte, o que un pensamiento negativo interceda en tus reflexiones. Pero sí puedes evitar la importancia que les darás o el tiempo que los tendrás presente.

El éxito dependerá de tus elecciones. Aquello en lo que te enfocas es lo que atraes para tu vida, es lo que refuerzas.

No dejes escapar la oportunidad de compartir la luz de tu vida para iluminar el camino de las personas que viajan a tu lado.

Todo en la vida es una historia. Puedes contarte una que te mueva hacia tus objetivos u otra que te frene frente a ellos. Y ésa será la posibilidad que surgirá de tu propia elección.

Ponte atento a las grandes oportunidades que el universo te ofrece y toma unos instantes para agradecer por todas las bendiciones que recibes a diario en tu vida. Disfruta de cada actividad que realices y hazlo todo con mucho amor, recordando que las personas de éxito salen siempre adelante gracias a su entusiasmo y perseverancia. Siempre ten presente que cuando una persona sabe hacia dónde va, el universo se abre para darle paso.

SECRETO 12

TIEMPO DE SOÑAR

Son aquellas cosas que el dinero no puede comprar las que hacen que la vida sea una aventura realmente maravillosa, llena de sentimientos, emociones y momentos inolvidables.

Pável Iván

Nuestra vida es una hermosa oportunidad para trascender, de hecho, es la única oportunidad que tenemos para dejar una huella imborrable en este inmenso mar al que llamamos vida. Es por ello que debemos pensar en todas las actividades que nos gustaría realizar durante nuestra existencia, las cuales nos ayudarán a trascender a través del tiempo, para quedar grabadas en la mente y en el corazón de las personas que nos rodean.

Generalmente, los seres humanos que se encuentran en su lecho de muerte reflexionan acerca de lo que han hecho en la vida y llegan a la conclusión de que los proyectos principales que realizaron, están un poco alejados de lo que realmente hubieran deseado.

Salvo en contadas excepciones, la mayoría de la gente desearía no haberse preocupado tanto por algunas situaciones a las cuales se enfrentaron, en lugar de ello, desearían haber tomado todo con calma, dedicando su tiempo y energía a compartir su amor, cariño y alegría con la gente que los rodeaba. Imaginarnos las cosas que desearíamos hacer en la vida, si éste fuera el último día que estuviéramos en ella, nos brinda la oportunidad de realizar positivos e importantes cambios que nos permitirán acercarnos cada día más a la felicidad plena.

Pensar que éste puede ser el último instante que tenemos, nos permite darnos cuenta de qué clase de persona nos gustaría ser y cuáles son las cosas más importantes en nuestra vida.

Busca dentro de ti

Busca dentro de ti la solución de todos los problemas, hasta de aquellos que creas más exteriores y materiales.

Dentro de ti está siempre el secreto, dentro de ti están todos los secretos.

Aun para abrirte camino en la selva virgen, aun para levantar un muro, aun para tender un puente, has de buscar antes, en ti, el secreto.

Dentro de ti hay tendidos ya todos los puentes, están cortadas dentro de ti las malezas y lianas que cierran los caminos.

Todas las arquitecturas están ya levantadas, dentro de ti.

Pregunta al arquitecto escondido. Él te dará sus fórmulas.

Antes de ir a buscar el hacha de más filo, el pico más duro, la pala más resistente... entra en tu interior y pregunta...

Y sabrás lo esencial de todos los problemas y se te enseñará lo mejor de todas las fórmulas, y se te dará la más sólida de todas las herramientas.

Y acertarás constantemente, puesto que dentro de ti llevas la luz misteriosa de todos los secretos.

Amado Nervo
Cuentos y fábulas

SECRETO 13

SUEÑA CON GRANDES COSAS

Sueña con el tipo de vida que quisieras tener, realizando el ejercicio mental de proyectar tu situación cinco años en el futuro. Fíjate muy bien en los detalles. Mediante estas visiones a largo plazo, se logra una actitud más positiva y resuelta. Enumera todo lo que harías si el éxito estuviera asegurado.

Cuando nos damos cuenta de la importancia que tienen los pensamientos, la vida cambia de manera radical, ya que son éstos los que nos hacen lo que somos, la actitud mental es el factor de cambio que determina nuestro destino. Ellos son las causas primarias de las condiciones de tu vida. Todo lo que forma parte de tu experiencia ha comenzado con alguna forma de pensamiento, ya sea tuyo o de alguien más. Todo lo que eres o llegues a ser será el resultado de tu forma de pensar. Si cambias la calidad de pensamiento, cambiarás tu calidad de vida.

Nuestra vida es el resultado de nuestros pensamientos. Si tenemos pensamientos felices, seremos felices. Si tenemos pensamientos desdichados, seremos desdichados. Si tenemos pensamientos temerosos, tendremos miedo. Si tenemos pensamientos enfermizos, probablemente nos enfermaremos. Si pensamos en el fracaso, fracasaremos. Si nos dedicamos a lamentarnos por nuestra vida, todas las personas se alejarán de nosotros.

La actividad mental tiene profundo efecto sobre los demás elementos que componen a nuestra vida.

Los seres humanos tenemos la capacidad de eliminar la preocupación, el miedo y las diversas enfermedades que padecemos si controlamos nuestra vida mediante un cambio de pensamiento, ya que quien es capaz de controlar y transformar sus pensamientos positivamente, es mucho más fuerte que aquél que conquista un reino.

Nada que no seas tú mismo puede traerte paz, pues la paz interior y la alegría no dependen de dónde estamos, qué tenemos o quiénes somos, sino de la actitud mental que asumimos ante los distintos escenarios que la vida nos plantea.

Uno puede descubrir que, si cambia sus pensamientos sobre las cosas y los demás, las cosas y los demás cambian. Si un hombre cambia radicalmente su forma de pensar quedará asombrado de la rápida transformación que se producirá en las cosas materiales de su vida.

Todo lo que un hombre consigue es el resultado de sus pensamientos. Un hombre sólo puede prosperar, conquistar y alcanzar sus metas elevando sus pensamientos. Pensemos y actuemos con alegría y nos sentiremos alegres.

Hay que tener en la mente que la felicidad es algo interior y que todos podemos ser tan felices como decidamos serlo, tratando de vivir este día, sin abordar todos los problemas de la vida al mismo tiempo, eliminando las plagas de la prisa y la indecisión, y poniendo a Dios como el gran centro de nuestro universo.

Sigue tu propia estrella
y disfruta del camino que te llevará a conseguirla.

Pável Iván

SECRETO 14

MENSAJES PARA LOGRAR TUS SUEÑOS

Sé firme en tus actitudes y perseverante en tu ideal. Pero sé paciente, no pretendas que todo te llegue de inmediato. Toma tiempo para todo y todo lo que es tuyo vendrá a tus manos en el momento oportuno. Aprende a esperar el momento exacto para recibir los beneficios que reclamas.

Espera con paciencia a que maduren los frutos para poder apreciar debidamente su dulzura. No seas esclavo del pasado y los recuerdos tristes. No remuevas una herida que está cicatrizada. No invoques dolores y sufrimientos antiguos. ¡Lo que pasó, pasó!

De ahora en adelante procura construir una vida nueva, dirigida hacia lo alto y camina hacia delante, sin mirar hacia atrás. Haz como el sol que nace cada día, sin acordarse de la noche que pasó.

Sólo contempla la meta y no veas qué tan difícil es alcanzarla. No te detengas en lo malo que has hecho, camina en lo bueno que puedes hacer. No te culpes por lo que hiciste, más bien decídete a cambiar. No trates de que otros cambien, sé responsable de tu propia vida y trata de cambiar.

Deja que el amor te toque y no te defiendas de él. Vive cada día, aprovecha el pasado para bien y deja que el futuro llegue a su tiempo. No sufras por lo que viene, recuerda que "cada día tiene su propio afán".

Busca a alguien con quien compartir tus luchas hacia la libertad; una persona que te entienda, te apoye y te acompañe. Si tu felicidad y tu vida dependen de otra persona, despréndete de ella y ámala, sin pedirle nada a cambio.

Aprende a mirarte con amor y respeto, piensa en ti como en algo precioso. Derrama en todas partes la alegría que hay dentro de ti. Que tu alegría sea contagiosa y viva para expulsar la tristeza de todos los que te rodean.

La alegría es un rayo de luz que debe permanecer siempre encendido, iluminando todos nuestros actos y sirviendo de guía a todos los que se acercan a nosotros. Si en tu interior hay luz y dejas abiertas las ventanas de tu alma, por medio de la alegría, todos los que pasan por la calle en tinieblas, serán iluminados por tu luz.

Trabajo es sinónimo de nobleza. No desprecies el trabajo que te toca realizar en la vida. El trabajo ennoblece a aquellos que lo realizan con entusiasmo y amor. No existen trabajos humildes. Sólo se distinguen por ser bien o mal realizados. Da valor a tu trabajo, cumpliéndolo con amor y cariño y así te valorarás a ti mismo.

No te des por vencido, piensa que si Dios te ha dado la vida, es porque sabe que tú puedes con ella. El éxito en la vida no se mide por lo que has logrado, sino por los obstáculos que has tenido que enfrentar en el camino. Tú y sólo tú escoges la manera en que vas a influir en el corazón de otros y de esas decisiones se trata la vida.

Que este día sea el mejor de tu existencia
para alcanzar tus sueños.

Mahatma Gandhi
El libro de las emociones

SECRETO 15

CAMBIA TU FORMA DE PENSAR

Una de las situaciones más frustrantes, y al mismo tiempo más destructivas para nuestra vida, es cuando nos enfocamos en lo que queremos tener, en lugar de disfrutar de todas las cosas buenas que la vida nos ofrece. Pensar solamente en lo que deseamos es vivir con una falta de satisfacción total, ya que nuestra mente se repetirá, una y otra vez: "Seré más feliz cuando consiga esto o aquello" y, una vez que lo consigamos, la mente repetirá lo mismo, pero esta vez con un deseo distinto, haciendo de nuestra lista de deseos una historia sin fin.

Cambiar los pensamientos, aprendiendo a amar y a valorar todo lo bueno que tenemos en la vida, en lugar de pensar en lo que queremos tener, nos hará seres mucho más felices y comprometidos con la gente que nos rodea, ya que tendremos la satisfacción interna de que las cosas que tenemos en este momento son valoradas por nosotros de una manera especial.

En lugar de pensar en que fulanito o perenganito son diferentes, pensemos en las cualidades que tienen y pueden aportar a nuestra vida. En vez de quejarnos a cada instante por nuestro salario, agradezcamos que tenemos un empleo. En lugar de pensar en unas vacaciones en Cancún, pensemos en todos los lugares cercanos que podemos disfrutar al lado de nuestros seres amados.

Elabora una lista de todas las cosas que tienes en estos instantes o con las cuales puedes disfrutar de momentos realmente inolvidables al lado de tus seres queridos, ésta es la mejor manera de comprender que disfrutar momentos de felicidad sólo depende de nosotros, todo es cuestión de aprender a querer y valorar lo que tenemos en nuestra vida, comenzando por primera vez a llenarnos de satisfacciones.

Disfruta y agradece por todas las cosas maravillosas que tienes, mientras actúas para obtener las que deseas para ti y tus seres queridos.

Pável Iván

SECRETO 16

ELIGE TUS PENSAMIENTOS

Los seres humanos tenemos miles de pensamientos al día, los cuales pueden ser positivos o productivos, negativos o destructivos.

Tener pensamientos positivos no es un problema; sin embargo, en un sentido práctico, cuando se nos presentan pensamientos negativos tenemos dos opciones: la primera es tratar de ponerles atención y detenernos a analizarlos o ignorarlos por completo y no tomarlos en serio, lo cual es obviamente una manera efectiva de aprender a ser más positivos en la vida, ya que cualquier cosa que estemos pensando en este momento sólo es eso, un pensamiento que no puede hacernos daño sin nuestro consentimiento.

La buena noticia es que en este instante, tenemos la oportunidad de elegir qué tipos de pensamientos vamos a escuchar y poner atención. Si ignoramos todo lo negativo que pasa por nuestra mente, estaremos dando paso a que la sabiduría y sentido común hagan surgir la creatividad que almacena nuestro ser.

Sembrar el hábito de presenciar la vida de manera positiva requiere de mucha práctica pero, tarde o temprano, nos daremos cuenta de que habrá valido la pena el esfuerzo que realizamos para lograrlo.

Confiar en ti y en tus capacidades es el don de la vida que, de por sí, sumerge a tu alma en la dicha de ser competente en la lucha del enriquecimiento personal.

Jamás te olvides del gran poder interno que tienes para hacer que las cosas sucedan. Recuerda que cuando realmente deseas algo con todas tus fuerzas, atraes la energía del universo que requieres para realizar tu sueño.

Tú eres el arquitecto de tu propio destino, en el momento en que decides abrir tu mente a las infinitas posibilidades que el universo te ofrece, pensando sólo en abundancia, extraordinarios milagros comienzan a manifestarse en tu vida. Hoy es el momento de que descubras y apliques todos los grandes dones que posees, sólo tienes que buscar dentro de ti y decidirte a actuar hoy mismo.

Sólo se tiene éxito en lo que se intenta con fe.

Pável Iván

SECRETO 17

LAS COSAS BELLAS DE LA VIDA

Sólo Dios sabe por qué suceden las cosas, ya que todo lo que Él ha creado tiene una razón de ser para bien de nosotros mismos. Nuestra tarea como seres humanos es encontrar el lado amable de la situación que se nos presente, ya que siempre tendremos la oportunidad de descubrir cosas positivas a pesar de que las circunstancias que enfrentemos parezcan malas, todo es cuestión de aprender a disfrutar de lo bueno que la vida nos ofrece mediante las oportunidades que nos da Dios para superarnos como seres humanos.

Cuando nuestra mente y corazón se abren para ver las cosas bellas, algo mágico comienza a suceder, una paz interior nos hace disfrutar de los instantes memorables que se nos presentan en cada jornada.

Por más oscuro que parezca el escenario que la vida nos plantea, debemos de recordar que siempre habrá algo positivo y hermoso en la situación por la cual estemos atravesando, ya que sólo Dios sabe por qué hace las cosas y cuando observa que estamos dando lo mejor de nosotros para salir adelante, se convierte en el mejor aliado para llenar nuestra vida de felicidad.

Uno de los grandes secretos de la felicidad
es saber disfrutar de cada instante de la vida.
Atrévete a disfrutar de toda la belleza que te rodea,
de aquellas bendiciones que recibes diariamente del universo.

Pável Iván

Pide y se te dará

Jamás olvides que somos como imanes que atraemos a la gente, las circunstancias, los acontecimientos y las cosas que se encuentran en armonía con nuestros pensamientos y energía dominantes. Todo aquello que llega a tu vida es porque lo has atraído mediante las imágenes que llevas en tu mente, tus pensamientos, ya que posees el gran poder de atraer lo que desees, todo lo que tienes que hacer es pedir al universo con fe, dejando que sepa lo que quieres y él responderá a tus pensamientos dominantes, de acuerdo con la cantidad de energía mental que empleaste para atraer tus objetivos.

Ten siempre presente todo aquello que deseas obtener, pídeselo por favor al universo a través de tu energía mental, enfocándote en lo que has solicitado y proyectando siempre pensamientos positivos de amor para lograr que las cosas sucedan.

Debes tener mucha fe, visualizando lo que deseas como si ya fuera tuyo. Recuerda que al universo le fascina la velocidad, así que no te dilates, cuando se presente la oportunidad, cuando sientas el deseo de realizar algo bueno en tu vida, actúa de inmediato.

Piensa siempre de manera positiva. Agradece por todo aquello que tienes hoy. Da las gracias por lo que posees y atraerás más cosas buenas. Encuentra el lado positivo de las personas y de todo lo que te rodea y agradece por ello, ten siempre presente que si del cielo te caen limones, debes estar muy atento para preparar con ellos una deliciosa y refrescante limonada.

Cuando algo no salga como esperabas, es porque la vida tiene algo mucho mejor para ti. A veces te ofrece mil razones para llorar, es justo en esos instantes cuando debes brindarle una y mil razones para reír, recordando y agradeciendo por todos los momentos buenos que has vivido hasta hoy y por los maravillosos instantes que están a punto de llegar a tu vida.

SECRETO 18

EMPLEA TU ENERGÍA EN LAS COSAS IMPORTANTES

Es muy sencillo perderse en el caos, las responsabilidades y nuestras metas. En una época como la que estamos viviendo es fácil perder la perspectiva de lo realmente importante y olvidarnos o posponer aquello que es querido y buscado por nuestro corazón.

Recordarnos a nosotros mismos lo que de verdad nos importa, permite enfocarnos en las prioridades, lo cual nos da la oportunidad de emplear toda nuestra energía en lo más significativo, como dar amor a la gente que nos rodea.

Tomar algunos instantes para recordar lo esencial, nos permite situarnos en el presente, de una manera más tranquila, disfrutando de las cosas que anhelamos en la vida.

Darnos el tiempo de pensar en lo que es realmente importante, nos permitirá descubrir que algunas actividades que estamos haciendo actualmente no se encuentran alineadas y están en conflicto con nuestras verdaderas metas. Pensar en lo que queremos tener en la vida, es estar definiendo la estrategia que nos servirá para conseguir una armonía entre nuestras convicciones y objetivos, lo cual nos ayudará a conseguir lo que de corazón soñamos lograr, de una manera natural y consciente.

No midas tu riqueza por el dinero que tienes, mide tu riqueza por aquellas cosas que no cambiarías ni por todo el oro del mundo.

Pável Iván

SECRETO 19

EL ÉXITO COMIENZA CON LA ACTITUD

Nadie sabe cuánto tiempo vamos a vivir; sin embargo, desperdiciamos nuestra vida actuando como si fuéramos seres eternos. Posponemos cosas importantes que deseamos realizar, como decir a nuestros seres queridos cuánto los amamos, visitar a un familiar o amigo, escribir una nota o una carta de amor a la pareja, leer un libro que nos parezca interesante y todas esas pequeñas e importantes actividades que queremos hacer.

Lamentablemente, desperdiciamos tiempo y energía realizando cosas que no están enfocadas al cumplimiento de nuestros sueños, pensando que éstos son "imposibles" de alcanzar, forjándonos paradigmas o barreras en la mente que nos impiden trascender en la vida.

Si nos enfocamos en disfrutar y vivir este instante con toda la pasión e intensidad que emplearíamos si supiéramos que éste será nuestro último día en la Tierra, nuestro mundo cambiaría y comenzaríamos a disfrutar de una maravillosa y placentera aventura llamada vida, recordando que es demasiado importante para tomarla en serio.

Los seres humanos vemos la vida que queremos ver. Si buscamos las cosas malas, tarde o temprano acabaremos por encontrarlas. Pero si buscamos las cosas extraordinarias y mágicas que se nos presentan a cada instante, terminaremos por disfrutar realmente de cada jornada.

Todo está en nosotros, ya que la vida es un instante creado por Dios, especialmente, para ayudarnos a conseguir nuestra felicidad.

Debemos aspirar a ser siempre mejores en los diferentes roles que desempeñamos, para lograrlo debes tener en cuenta este secreto: "Recorrer el sendero y aplicar el método para superar cualquier obstáculo que se te presente en el camino". La abundancia llega a tu vida cuando piensas y vives en una atmósfera positiva, con pensamientos afirmativos acerca de salud, dinero, amor, amistad, éxito, servicio hacia la gente que te rodea y todas las acciones relacionadas con esta actitud frente a la vida.

Recuerda que tus pensamientos pueden generar el entusiasmo suficiente para alcanzar el éxito, mediante mensajes positivos, estimulantes y de gran energía, estarás desarrollando una mentalidad de "tú puedes lograrlo", lo cual se traducirá en buena salud, prosperidad, amor, felicidad y éxito en todo aquello que emprendas. Sin embargo, debes tener en cuenta que la expresión de esta energía que moverá tu mundo depende exclusivamente de ti.

La prosperidad y la abundancia inician con un estado de ánimo adecuado, el cual tienes la capacidad de adquirir al formar tus pensamientos y elegir lo positivo ante cualquier circunstancia que se te atraviese en el camino.

La actitud mental positiva es trascendental en tu vida, pues atrae las cosas, situaciones y personas hechas con la misma naturaleza. Jamás olvides que el éxito comienza con la actitud.

Abre tu mente a nuevas ideas.
Nunca sabes cuándo encontrarás
una que cambie tu vida para siempre.

Pável Iván

SECRETO 20

DESARROLLA LA ACTITUD ADECUADA

Nuestra vida sufre una transformación total cuando nos damos cuenta de qué tan rápido podemos perder el control de ciertas acciones si actuamos de una manera negativa, ya que es una forma de desperdiciar la energía interna que poseemos, debido a que, actuando así, casi nunca obtendremos buenos resultados para lograr nuestras metas, y nos llenaremos de decepciones y frustraciones que nos harán sentir cada vez peor. Siempre hay que tener presente que lo único que debe preocuparnos es pensar y actuar de forma positiva, pues éste es el camino más corto para conseguir lo mejor en la vida.

Debemos darnos cuenta de que es prácticamente imposible sentir paz interior cuando las preocupaciones y los sentimientos negativos invaden nuestra vida.

En lugar de obsesionarnos por resolver los problemas del universo, tenemos que enfocar toda nuestra energía con la intención de disfrutar cada actividad que emprendemos, independientemente de que seamos las personas más ocupadas del mundo, debemos tomar en cuenta que las preocupaciones por resolver todos los problemas al mismo tiempo sólo nos ocasionarán estrés, y lo mejor en estos casos es seguir pensando y actuando de una manera positiva, ya que lo peor que nos puede suceder es no lograr los objetivos que nos hemos planteado;

sin embargo, siempre habrán más oportunidades para obtener lo que queremos, pero ahora tenemos una nueva experiencia que nos ayudará a estar más cerca de la meta deseada, la cual, tarde o temprano, estará en nuestras manos, así que lo mejor que podemos hacer es relajarnos y disponernos a disfrutar del camino que nos conducirá hacia el éxito.

7 claves para desarrollar una actitud mental positiva

En una hoja en blanco escribe lo que a continuación se te pide:

1. Al abrir los ojos por la mañana, exprésate a ti mismo: ¡Qué maravilloso es estar con vida! Este día me debe ir mucho mejor que ayer.

   Escribe tres cosas por las cuales estás agradecido.

2. Nunca olvides que tú controlas tu propia vida. Convéncete: "Yo estoy a cargo de lo que me pasa; yo soy el único responsable".

   Escribe tres aspectos por mejorar en tu vida.

3. Alégrate cuando te dirijas a tu trabajo o escuela. Siéntete feliz de contar con un empleo o de estar estudiando, en estos tiempos.

   Escribe tres cosas que te agradan de tu trabajo o escuela.

4. Aprovecha al máximo tus ratos de ocio. No te sientes, ni empieces a flojear cuando puedes estar divirtiéndote o disfrutando de algún pasatiempo.

   Escribe tres cosas que te gustaría realizar en la vida.

5. No te compares con los demás, la gente que lo hace tiende a la melancolía.

   Escribe tres aspectos que te agraden de tu persona.

6. Mejora tu sentido del humor. No te tomes la vida demasiado en serio, trata de encontrarle el lado humorístico a los momentos de adversidad. Sonríe más, más a menudo, a más gente.

   Escribe tres actividades que te parezcan divertidas.

7. Sé menos crítico. Acepta tus limitaciones y las de tus amigos. Concéntrate en tus habilidades y en las de ellos. Haz efectivas tus fortalezas e irrelevantes tus debilidades.

   Escribe tus tres principales fortalezas.

Los resultados de este ejercicio serán tu "mapa del tesoro", la guía que te ayudará a encontrar el camino del resto de tu vida, no importa si hoy tienes 7 o 107 años. Recuerda que el fracaso no te sobrecogerá nunca si tu determinación para alcanzar el éxito es lo suficientemente poderosa.

SECRETO 21

EL ÉXITO EN LOS DEPORTES APLICADO A TU VIDA

Estaba leyendo sobre el éxito en los deportes y encontré un especialista que se llama Steven Simpson (The Golf Doctor), un psicólogo especializado en el éxito en los deportes.

Miles de personas tienen un gran talento para los deportes, pero sólo unos pocos llegan a la cima. Los súper atletas, como él los llama, tienen algo en común.

Si tú practicas algún deporte y lo quieres llevar al próximo nivel entonces tienes que utilizar la manera más fácil, es decir, activando el potencial que hay en tu mente. Tienes que seguir determinados pasos y el doctor los llama **leyes secretas**.

La primera ley secreta es la manera como estos súper atletas se comunican con ellos mismos, piensan y hablan solamente de manera positiva. Nunca hablan mal de ellos ni de nadie. Por cierto, tú puedes hacer lo mismo, desde este momento nunca más digas una cosa mala o negativa acerca de ti.

La segunda ley secreta tiene que ver con la confianza, ésta desempeña un papel significativo a la hora de jugar un deporte a un nivel competitivo. La mayoría de las personas tienen mucha confianza para unas cosas y poca para otras, o un día la tienen y el otro dudan de su potencial para lograr que las cosas sucedan. Un truco es no focalizarnos en lo que no está saliendo bien sino en lo que sí está funcionando y celebrar cada pequeña cosa que sale bien. Si haces esto enfocarás tu mente en buscar el éxito y no te olvides de la recompensa. Recuerda: "El éxito se construye sobre pequeñas victorias, no sobre fracasos".

La tercera ley secreta es la visualización, los grandes atletas tienen habilidades altamente desarrolladas y sus visualizaciones son tan vivas, claras y detalladas que desarrollan una profecía de su éxito que se autocumple. Ellos crean una película en su mente ganando los torneos o competencias y tú puedes hacer lo mismo con lo que quieras lograr.

La cuarta ley secreta tiene que ver con la energía universal. Muchos individuos hablan de la Ley de la atracción, ésta trata de cómo las personas positivas atraen a más personas positivas y cómo los eventos positivos atraen a más eventos positivos. Nos han dicho muchas veces que lo único que tenemos que hacer es agradecer, pedir, creer y recibir, y que luego el universo se encargará de todo lo demás. Los grandes atletas han aprendido a sacarle el mayor provecho posible a la Ley de atracción y nosotros podemos hacer lo mismo con todas las metas que tenemos en la vida.

Al analizar estas cuatro leyes nos damos cuenta por qué muchísimas personas con un potencial extraordinario nunca llegan a nada o no logran todo lo que deberían haber obtenido.

De ahora en adelante podemos utilizar estas leyes como complemento para atraer las cosas buenas que queremos en nuestra vida. Tú decides el tipo de información con la que alimentas tu mente, elige información positiva, la cual te ayude a expandir tus posibilidades de éxito. Los que rinden al máximo no sólo desean ganar el próximo partido. Ven el recorrido total hacia el campeonato. Tienen un objetivo de largo plazo que inspira hacia la acción y el compromiso para hacer que las cosas sucedan.

Charles A. Garfield
Peak Performer

Aprenderás

Después de algún tiempo aprenderás la diferencia entre dar la mano y socorrer a un alma, y aprenderás que amar no significa apoyarse, y que compañía no siempre significa seguridad. Aprenderás que los besos no son contratos, ni regalos, ni promesas... Comenzarás a aceptar tus derrotas con la cabeza erguida y la mirada al frente, con la gracia de un niño y no con la tristeza de un adulto, y aprenderás a construir hoy todos tus caminos, porque el terreno de mañana es incierto para los proyectos y el futuro tiene la costumbre de caer en el vacío. Después de un tiempo aprenderás que el sol quema si te expones demasiado. Aceptarás incluso que las personas buenas podrían herirte alguna vez y necesitarás perdonarlas.

Aprenderás que hablar y expresarte puede aliviar los dolores del alma, descubrirás que lleva años construir confianza y apenas unos segundos destruirla y que también podrás hacer cosas de las que te arrepentirás el resto de tu vida. Aprenderás que las nuevas amistades continúan creciendo a pesar de las distancias, y que no importa lo que tienes, sino a quién tienes en la vida, y que los buenos amigos son la familia que nos permitimos elegir. Aprenderás que no tenemos que cambiar de amigos, si estamos dispuestos a aceptar que los amigos cambian.

Te darás cuenta de que puedes pasar buenos momentos con tu mejor amigo haciendo cualquier actividad o simplemente nada, sólo por el placer de disfrutar su compañía. Descubrirás que muchas veces tomas a la ligera a las personas que más te importan, por eso siempre debemos decirles que las amamos, porque nunca estaremos seguros de cuándo será la última vez que las veamos. Aprenderás que las circunstancias y el ambiente que nos rodean tienen influencia sobre nosotros, pero nosotros somos los únicos responsables de lo que hacemos. Aprenderás que no nos debemos comparar con los demás, salvo cuando queramos imitarlos para mejorar. Descubrirás que se lleva mucho tiempo para llegar a ser la persona que quieres ser, y que el tiempo es corto.

Aprenderás que no importa adónde llegaste, sino adónde te diriges y si no lo sabes cualquier lugar sirve... Aprenderás que si no controlas tus actos ellos te controlarán a ti y que ser flexible no significa ser débil o no tener personalidad, porque no importa cuán delicada y frágil sea una situación: siempre existen dos lados. Aprenderás que héroes son las personas que hicieron lo que era necesario, enfrentando las consecuencias...

Aprenderás que la paciencia requiere de mucha práctica. Descubrirás que, algunas veces, la persona que esperas que te patee cuando te caes, tal vez sea una de las pocas que te ayuden a levantarte. Madurar tiene que ver más con lo que has aprendido de las experiencias, que con los años vividos. Aprenderás que nunca debes decir a un niño que sus sueños son tonterías, porque pocas cosas son tan humillantes y sería una tragedia si lo creyera porque le estarás quitando la esperanza. Aprenderás que cuando sientes rabia, tienes derecho a tenerla, pero eso no te da derecho a ser cruel. Descubrirás que sólo porque alguien no te ama de la forma que quieres, no significa que no te ame con todo lo que puede, porque hay personas que nos aman, pero no saben cómo demostrarlo... No siempre es suficiente ser perdonado por alguien, algunas veces tendrás que aprender a perdonarte a ti mismo.

Aprenderás que con la misma severidad conque juzgas, también serás juzgado y en algún momento condenado. Aprenderás que no importa en cuántos pedazos se partió tu corazón, el mundo no se detiene para que lo arregles. Aprenderás que el tiempo no es algo que pueda volver hacia atrás, por lo tanto, debes cultivar tu propio jardín y decorar tu alma, en vez de esperar que alguien te traiga flores. Entonces, y sólo entonces, sabrás realmente lo que puedes soportar; que eres fuerte y que podrás ir mucho más lejos de lo que pensabas cuando creías que no se podía más.

¡La vida realmente vale la pena
cuando tienes el valor de enfrentarla!

William Shakespeare
The Search for Self-Respect

SECRETO 22

REALIZA ALGO QUE TE ENCANTE

Identifica algo para lo que estás dotado naturalmente y que te encantaría hacer, y dedícate de lleno a ello. No consideramos un trabajo lo que nos gusta realizar.

Cada persona, en el fondo más profundo de su ser, guarda un deseo natural, una pasión dominante, un ansia genuina de superación que la impulsa a lograr sus objetivos; sin embargo, a veces, la falta de entusiasmo nos lleva a un estado al que podríamos denominar "autosabotaje", debido, principalmente, a que perdemos nuestra capacidad de asombrarnos por todo lo que nos rodea, no es que el universo carezca de maravillas, sino que nosotros perdimos la capacidad de maravillarnos.

Para desarrollar dicha capacidad observa las cosas como si fuera la primera vez que lo haces, enfócate en lo positivo de las personas y del entorno que te rodea, de los aspectos que te hagan sentir bien, de lo que te encanta realizar, que más te maraville y te agrade.

Recuerda que la oportunidad favorece a quien está preparado. Tu gran oportunidad puede llegar en cualquier momento, por ello debes estar siempre preparado para cualquier situación favorable que se pueda presentar, no solamente de trabajo sino de cualquier otra cuestión que te permita aplicar y desarrollar tus talentos.

Debes tener confianza en todo lo que emprendas, ya sea un negocio, un nuevo proyecto, una nueva relación, etcétera, con la finalidad de actuar de forma serena y con total aplomo ante este nuevo reto.

Recuerda siempre que lo más importante es cómo te ves a ti mismo. Tú eres el dueño de tu propio destino, tú creas las circunstancias, las oportunidades y hasta tu suerte.

Tú eres lo que piensas. Esfuérzate por tener siempre pensamientos positivos y constructivos.

El éxito de los que triunfan consiste en siempre atreverse a comenzar de nuevo, una y otra vez, hasta transformar sus sueños en bellas realidades.

Pável Iván

Tienes derecho, pero no debes

✓ Tienes derecho a enfadarte, pero no debes pisotear la dignidad de ninguna persona.

✓ Tienes derecho a sentir celos del triunfo de los demás, pero no debes desearles mal a las personas.

✓ Tienes derecho a caer, pero no debes quedarte tirado en el piso.

✓ Tienes derecho a fracasar, pero no debes sentirte derrotado.

✓ Tienes derecho a equivocarte, pero no debes sentir lástima de ti mismo.

✓ Tienes derecho a regañar a tus hijos, pero no debes romper sus ilusiones de jóvenes emprendedores.

✓ Tienes derecho a tener un mal día, pero no debes permitir jamás que se convierta en costumbre.

✓ Tienes derecho a tomar una mala decisión, pero no debes quedarte estacionado en ese momento pasado.

- ✓ Tienes derecho a ser feliz, pero no debes olvidar ser agradecido.
- ✓ Tienes derecho a pensar en el futuro, pero no debes olvidar jamás el presente.
- ✓ Tienes derecho a buscar tu superación personal, pero no debes olvidar tus valores morales.
- ✓ Tienes derecho a triunfar, pero no debe ser a costa de otros.
- ✓ Tienes derecho a vivir en paz, pero no debes confundir ese derecho inalienable con ser mediocre o conformista en la vida.
- ✓ Tienes derecho a vivir en la opulencia, pero no debes olvidar nunca compartir con los menos afortunados en la vida.
- ✓ Tienes derecho a desanimarte, pero no debes perder la esperanza.
- ✓ Tienes derecho a la justicia, pero no debes confundirla con la venganza.
- ✓ Tienes derecho a violentarte, pero no debes dejar de ser cortés.
- ✓ Tienes derecho a ser positivo, pero no debes ser arrogante con ninguna persona.
- ✓ Tienes derecho a soñar y enseñar a otros a soñar con un mundo mejor y solidario, con los más necesitados.
- ✓ ¡De ahí en adelante has comenzado a forjar tu futuro!

El éxito consiste en vencer el temor al fracaso.

Napoleón Hill
Nuestras fuerzas mentales

Ten siempre confianza

A veces parece que todos los caminos se cierran,
que la noche es eterna,
que el invierno ha congelado los corazones,
que no existen más rosas,
que tu destino son las lágrimas,
que no hay sino soledad para ti,
que han desaparecido las estrellas,
que la sonrisa se apagó sobre la Tierra,
que los días son cortos y lluviosos,
que las noches son interminables y sin luna,
que no hay espacio alguno para tus pies,
que no hay salida en la calle de tu vida,
que la indiferencia y la desilusión aprisionan tu corazón.
Pero aún entonces puedes confiar
que tú eres un camino eterno y abierto,
que tú eres un día luminoso,
que en tu alma no hay estaciones,
sólo las hay en tu mente,
que hasta en el desierto más árido
y seco hay una flor,
que las lágrimas, como el agua,
dan vida y fecundidad,
que tú eres el mejor amigo de ti mismo,
que tu alma es un cielo lleno de luz y de estrellas,
que dentro de ti el rostro de la vida sonríe,
que en ti está el sol radiante,
sólo es noche si le das la espalda,
que el mundo es ancho y no ajeno,
sino tuyo porque tú eres el mundo,
que norte, sur, este y oeste
son puntos para tu elección,
que tú eres amor pleno.

Estás destinado a dar, más que a recibir.
Ten confianza porque aunque tu mente
te hable de puertas cerradas y de soledad,
ése es un engaño temporal y pasajero.
Estás destinado a ser luz
para muchos que necesitan
de tu luz y de tu amor.
No te quedes encerrado en tu mundo
y sal a disfrutar del universo.

Darío Lostado
Pensamientos para cada instante

SECRETO 23

OPORTUNIDADES DE MEJORA

La mayoría de las personas vemos los problemas como la más grande fuente de estrés que existe, esto es cierto si nunca pensamos en la oportunidad que la vida nos ofrece si nos enfocamos en mejorar algo.

Nuestros problemas, mejor dicho, nuestras oportunidades de mejora son grandes maestros con los cuales podemos contar, ya que la vida nos permite aprender y adquirir experiencias de las situaciones que tenemos que resolver.

Las oportunidades de mejora que la vida nos brinda se pueden presentar en diferentes formas, tamaños y grados de complejidad, pero todas ellas tienen algo en común: son situaciones que deseamos que sean distintas; sin embargo, mientras más nos obsesionamos en que sean como deseamos, más complicadas nos parecen y nos causan un estrés aún mayor.

Afortunadamente, si aceptamos los problemas como algo importante para mejorar como seres humanos, viéndolos como los mejores maestros que podemos tener para adquirir grandes lecciones e incorporar valiosas experiencias a nuestra vida, disfrutaremos resolviendo las oportunidades que tenemos para ser mejores.

Todos los recursos que necesitas para tener éxito los encontrarás dentro de ti, toda la energía y la potencia del amor son parte integral de tu espíritu creativo.

Un cambio de actitud puede hacer que extraordinarios milagros lleguen a tu vida. No puedes descubrir nuevos mares a menos que tengas el coraje de perder de vista la costa, de arriesgarte a naufragar de vez en cuando en el maravilloso mar de la vida, hasta descubrir un fantástico paraíso lleno de abundancia.

Pável Iván

Tú eres el resultado de ti mismo

No culpes a nadie, nunca te quejes de nada ni de nadie, porque fundamentalmente tú has hecho tu vida. Acepta la responsabilidad de edificarte a ti mismo y el valor de acusarte en el fracaso para volver a empezar; corrigiéndote, el triunfo del verdadero hombre surge de las cenizas del error.

Nunca te quejes del ambiente o de los que te rodean, hay quienes en tu mismo ambiente supieron vencer, las circunstancias son buenas o malas según la voluntad o fortaleza de tu corazón. Aprende a convertir toda situación difícil en un arma para luchar.

No te quejes de tu pobreza, de tu soledad o de tu suerte, enfrenta con valor y acepta que, de una u otra manera, todo dependerá de ti; no te amargues con tu propio fracaso, ni se lo cargues a otro, acéptate ahora o seguirás justificándote como un niño, recuerda que cualquier momento es bueno para comenzar y que ninguno es tan terrible como para claudicar.

Deja ya de engañarte, eres la causa de ti mismo, de tu necesidad, de tu dolor, de tu fracaso. No olvides que la causa de tu presente es tu pasado, como la causa de tu futuro es tu presente.

Aprende de los fuertes, de los audaces, imita a los enérgicos, a los vencedores, a quienes no aceptan situaciones, a quienes vencieron a pesar de todo.

Piensa menos en tus problemas y más en tus bendiciones y tus problemas sin alimento morirán. Aprende a nacer desde el dolor y a ser más grande, que el más grande de los obstáculos. Mírate en el espejo de ti mismo.

Comienza a ser sincero contigo mismo. Reconociéndote por tu valor, por tu voluntad y por tu debilidad para justificarte.

Reconócete dentro de ti mismo, más libre y fuerte; deja de ser un títere de las circunstancias, porque tú mismo eres tu destino. Y nadie puede sustituirte en la construcción de tu propio destino.

Levántate, mira las mañanas y respira la luz del amanecer. Tú eres parte de la fuerza de la vida. Ahora despierta, camina, lucha. Decídete y triunfarás en la vida.

Nunca pienses en la suerte, porque la suerte es el pretexto de los fracasados.

Pablo Neruda
Poemas y reflexiones

SECRETO 24

LA PRÁCTICA HACE AL MAESTRO

Practicar es una regla básica para perfeccionar cualquier actividad que realicemos en nuestra vida.

Por medio de la práctica podemos desarrollar grandes virtudes como compasión, paciencia, humildad o cualquier otra cualidad que queramos incorporar a nuestra vida, ya que la práctica nos hará perfeccionarnos como alumnos y nos llevará a convertirnos en maestros.

Practicar nos ayuda a tomar conciencia de los buenos hábitos que deseamos tener, los cuales se convertirán, con el tiempo, en el centro de atención y nos ayudarán a enfocarnos en las actividades en las que realmente deseamos emplear nuestro tiempo y energía.

Todo es cuestión de preguntarnos si los hábitos que estamos desarrollando en estos instantes, los cuales practicamos, nos ayudarán a alcanzar nuestras metas.

Es triste observar personas que se vuelven unos verdaderos maestros en el arte de lavar sus automóviles, o se pasan las horas desarrollando su hábito de mirar televisión, en vez de emplear su tiempo en practicar y perfeccionar hábitos constructivos que enriquezcan su vida y su corazón. Debemos recordar que la televisión es la mejor forma de sembrar buenos hábitos, cuando la apagamos y empleamos nuestro tiempo en desarrollar actividades constructivas que nos ayuden a convertirnos en mejores seres humanos, transformando al alumno en el gran maestro que habita en nuestro interior.

Si te atrae una lucecita, síguela. Si te conduce a un pantano, ya saldrás de él. Pero si no la sigues, toda tu vida te lamentarás pensando en que tal vez era tu propia estrella.

Séneca
Controle su destino

SECRETO 25

CAUSA Y EFECTO

La más pequeña acción es siempre mejor que la más grande intención, así que atrévete a convertir tu sueño en realidad.

Pável Iván

Todo lo que haces en la vida, sea bueno o malo, se te regresa, es por esa razón que siempre hay que actuar con cordura, justicia, amor y sin soberbia, porque a medida que das cosas buenas a las personas, ellas querrán estar cerca de ti, no alejes a tus amigos o familia con malas acciones, pues ello sólo te traerá desolación. Recuerda siempre: "La vida es como un eco: lo que le das es lo que recibes de ella".

Si enfocas toda tu atención y esfuerzo en el presente, obtendrás un futuro lleno de prosperidad y abundancia.

Cuando alguien destaca por encima de tí

A veces, algunas personas destacan por encima de los demás, incluso quienes provocan simpatía y buenos sentimientos. Si lo tomas bien, estas personas podrían motivarte a ser mejor.

Por el contrario, si esa persona a quien le va mejor que a ti te provoca celos y envidia, la mala energía que proyectas se puede volver contra ti.

Es mejor imitar las acciones buenas que observas, las que hacen a la otra persona ser diferente y destacar. Tratar de imitar lo bueno de los demás es lo mejor que debemos hacer, lo bueno lo podemos utilizar para nuestro bien, si te abres a ese mundo de posibilidades seguramente tu vida será mucho más feliz y placentera.

La personas que triunfan

Cuando veas a una persona que es triunfadora, que le va bien en todo lo que emprende, piensa que ha sido una persona buena que ha repartido sus bendiciones.

Reparte tu sabiduría, experiencia y talento, alguien puede estar necesitando de ti, sé buena persona, da siempre lo mejor de ti y deja que pase tu vida de forma tranquila y serena. Habrás actuado bien.

Todo en la vida tiene su tiempo

Todas nuestras acciones, buenas o malas, aquí en la Tierra se nos regresarán de la misma forma. Procura ser una buena persona, haz cosas por los demás, no trates mal a nadie; así tu corazón albergará sólo buenos sentimientos y podrás caminar por la vida alegre y sin prisas porque has actuado como un buen ser humano.

Sólo los buenos sentimientos deberían vivir en tu interior

No tengas cabida en tu corazón para el egoísmo, los celos o la envidia. Eso es desgastante para nosotros mismos y jamás lograremos alcanzar una buena actitud frente a la vida. La mejor competencia es con uno mismo, tratando día con día ser excelente, de tal modo que podamos dar lo mejor de nosotros a todos los que nos rodean.

No dejes que rompan tus sueños

Existen dos clases de personas: las que miran la vida con esperanza y las que lo hacen con pesimismo. Una cosa es ser realistas y conocer nuestros límites, y otra muy diferente es imponernos límites por nuestro pesimismo, "realismo", y desencanto con lo vivido.

Es mejor ser y estar junto a las primeras, ya que sueñan y son capaces de luchar por sus metas.

Existen personas soñadoras, que siempre muestran una buena cara ante la vida: ríen, saben que dando amor recibirán lo mismo, son capaces de alcanzar sueños con sus esfuerzos, un amor bueno, un trabajo decente y tratan de que todo su entorno sea de tranquilidad y amor. Estas personas son conscientes de que no todos los días serán hermosos, que habrá días de soledad y tristeza, pero, a pesar de los obstáculos, tienen claro que vale la pena seguir adelante para convertir sus sueños en realidad.

Sin embargo, también hay otro tipo de personas nocivas, que siempre están allí para destrozar los sueños de los demás, son aquéllas que creen que todo está escrito, que por más que te desgastes tu futuro está trazado y que nunca lograrás cambiar nada. No tienen ilusiones, y mucho menos sueños, son personas amargadas y celosas de ver la felicidad en los otros, no anhelan lo que los demás tienen (porque saben que tendrían que esforzarse y trabajar para conseguirlo) sólo desean que no lo tengan.

Debes tener cuidado con estas personas, los enemigos de la felicidad, porque son capaces de romper tus sueños con palabras negativas y actitudes peores, pero tienes la libertad de apartarlas de ti, porque tú eres dueño de tu destino, el que puede hacer que sus días sean buenos o hacer de ellos un verdadero infierno.

Siempre tiene que haber optimismo en nuestra vida. Debemos luchar con alegría para alcanzar nuestros sueños y poner amor en todo lo que hagamos día con día. No permitas que las circunstancias te impidan hacer lo que de corazón sabes que tienes que realizar.

Para ser fuerte

No veas en los obstáculos una fuente de problemas, descubre en ellos la oportunidad de superarte y enfréntalos con valentía.

Un día, una pequeña abertura apareció en un capullo; un hombre se sentó y observó a la mariposa por varias horas, mientras ella se esforzaba para hacer que su cuerpo pasara a través de aquel pequeño agujero.

En tanto, parecía que ella había dejado de hacer cualquier esfuerzo. Pensaba que había hecho todo lo que podía, pero no conseguía agrandarlo. Entonces el hombre decidió ayudar a la mariposa: él tomó una navaja y abrió el capullo. La mariposa pudo salir fácilmente, pero su cuerpo estaba marchito, era pequeño y tenía las alas arrugadas.

El hombre siguió observándola porque esperaba que, en cualquier momento, las alas se abrieran y estirasen para ser capaces de soportar el cuerpo, y que éste se hiciera firme.

¡Nada aconteció! En verdad, la mariposa pasó el resto de su vida arrastrándose con un cuerpo marchito y unas alas encogidas. Ella nunca fue capaz de volar.

Lo que el hombre, en su gentileza y su voluntad de ayudar no comprendía, era que el capullo apretado y el esfuerzo necesario para que la mariposa pasara a través de la pequeña abertura, era la forma en que el Creador hacía que el fluido del cuerpo de la mariposa fuera a sus alas, de tal modo que ella estaría lista para volar, una vez que se hubiera liberado del capullo.

Algunas veces, el esfuerzo es exactamente lo que necesitamos en nuestra vida. Si Dios nos permitiera pasar por nuestra vida sin encontrar ningún obstáculo, nos dejaría limitados. No lograríamos ser tan fuertes como podríamos haber sido. Nunca podríamos volar.

Pedí fuerza y me dio dificultades para hacerme fuerte.
Pedí sabiduría y me dio problemas para resolver.
Pedí prosperidad y me dio cerebro y músculos para trabajar.
Pedí valor y me dio obstáculos para superar.
Pedí amor y me dio personas con problemas a las cuales ayudar.
Pedí favores y me dio oportunidades.
Yo no recibí nada de lo que pedí,
pero he recibido todo lo que necesitaba.
Vive la vida sin miedo, enfrenta todos los obstáculos
y demuestra que puedes superarlos.

Norman Vincent Peale
Dynamic Imaging

¡Nunca te detengas!

Siempre ten presente que la piel se arruga,
el pelo se vuelve blanco y los días se convierten en años.
Pero lo importante no cambia; tu fuerza y tu convicción
no tienen edad.
Tu espíritu es el plumero de cualquier tela de araña.
Detrás de cada línea de llegada, hay una de partida.

Detrás de cada logro, hay otro desafío.
Mientras estés vivo, siéntete vivo.
Si extrañas lo que hacías, vuelve a hacerlo.
No vivas de fotos amarillas.
Sigue aunque todos esperen que abandones.
No dejes que se oxide el hierro que hay en ti.
Haz que en vez de lástima, te tengan respeto.
Cuando por los años no puedas correr, trota.
Cuando no puedas trotar, camina.
Cuando no puedas caminar, usa el bastón.
¡Pero nunca te detengas!

Madre Teresa de Calcuta
A Simple Path

¿Qué es tener éxito?

✓ Es comenzar por tener un sueño.

✓ Es estar comprometido con los sueños.

✓ Es tener confianza en sí mismo.

✓ Es algo que no aparece por casualidad.

✓ Es saber cambiar a tiempo.

✓ Es saber que lo único permanente es el cambio.

✓ Es saber y poder delegar a los demás parte de nuestra tarea.

✓ Es volver a empezar.

✓ Es reconocerme en mis logros.

✓ Es saber disfrutar mis logros y lo que tengo en la vida.

✓ Es reconocer que me equivoqué y pedir perdón.

✓ Es reconocer que detrás de cada acierto pueden haber varios fracasos.

- ✓ Es enamorarse de lo que uno hace.
- ✓ Es no postergar y hacer algo ahora.
- ✓ Es probar hacer algo de una manera diferente.
- ✓ Es darse cuenta de que estás eligiendo a cada momento.
- ✓ Es reconocer las propias debilidades y fortalezas.
- ✓ Es no parar jamás hasta conseguir los sueños.
- ✓ Es saber con qué fin hacemos las cosas.
- ✓ Es no mirar hacia atrás.
- ✓ Es actuar con entusiasmo.
- ✓ Es transitar caminos desconocidos.
- ✓ Es probar hacer algo que nunca hicimos.
- ✓ Es saber que no estamos solos.
- ✓ Es no rendirse jamás.
- ✓ Es disfrutar de cada momento.
- ✓ Es gozar del tiempo libre.
- ✓ Es actuar hoy.
- ✓ Es inventar un nuevo paso de baile cuando el anterior no funciona.
- ✓ Es pensar positivamente.
- ✓ Es tener metas claras.
- ✓ Es tener perseverancia en la búsqueda de los deseos.
- ✓ Es estar preparado para ver la oportunidad.
- ✓ Es desarrollar la creatividad.
- ✓ Es utilizar la imaginación.
- ✓ Es intentarlo de nuevo con el mismo entusiasmo.
- ✓ Es volver a empezar sin darse por vencido.
- ✓ Es hacer las cosas lo mejor posible, pero hacerlas.

- ✓ Es actuar como si ya hubieras logrado tus metas.
- ✓ Es tener la paciencia necesaria.
- ✓ Es tener claridad en el propósito.
- ✓ Es no crear un problema por las cosas pequeñas.
- ✓ Es dejar una huella para que otros puedan seguirla.
- ✓ Es jugar a ganar-ganar.
- ✓ Es estar enfocado en lo que uno quiere.
- ✓ Es arriesgar.
- ✓ Es hacer cosas nuevas todos los días.

Éxito es aprender a disfrutar y atreverse a vivir.

Pável Iván

SECRETO 26

PRODUCTIVIDAD PERSONAL

Cuando tenemos en mente algo por realizar, debemos comprender que el éxito para completar la tarea planeada requiere de la combinación de tres elementos sumamente importantes: acción, constancia y disciplina para no claudicar en el camino hacia el logro buscado.

Sin embargo, no siempre todo es color de rosa y, en ocasiones, somos inflexibles ante los cambios que se nos presentan durante la realización de las tareas, lo cual nos genera mucho estrés, frustración e irritación debido a que no conseguimos avanzar en lo más mínimo, de acuerdo con "el plan perfecto" que teníamos en mente.

En esos instantes, es necesario dar una tregua a nuestros planes para preguntarnos si debemos o no continuar con ese plan que parecía perfecto, de esa manera cambiaremos la perspectiva, comprendiendo la importancia de la flexibilidad y adaptación a los distintos cambios de escenario que se nos plantean, abriendo las puertas a una cantidad infinita de situaciones maravillosas que estarán presentes en nuestra vida. Nos sentiremos más relajados y seremos más productivos, debido a que no emplearemos la energía negativa que utilizábamos cuando estábamos molestos o preocupados porque las cosas no sucedían tal y como las habíamos imaginado.

La energía positiva y el excelente estado en que nos encontremos, los irradiaremos en cada actividad que desempeñemos y la gente que nos rodea comenzará a contagiarse con nuestro óptimo estado de ánimo.

El momento más oscuro de la noche
es sólo unos instantes antes de un brillante y hermoso amanecer.

Pável Iván

Que descubras

✓ Que descubras la serenidad y tranquilidad en un mundo imposible de entender en su totalidad.

✓ Que el dolor que has vivido y los problemas que has experimentado, te den el poder de caminar por la vida enfrentando cada situación con optimismo y valor.

✓ No olvides que habrá seres cuyo amor y comprensión siempre estarán contigo, aun cuando te sientas solo.

✓ Que descubras suficiente bondad en otros para creer en un mundo de paz.

✓ Que una palabra generosa, un abrazo y una sonrisa sean tuyos todos los días de tu vida.

✓ Que puedas dar estos regalos tanto como recibirlos.

✓ Recuerda el sol aun en medio de la tormenta.

✓ Enseña amor a aquellos que odian, y deja que ese amor te fortalezca.

✓ Recuerda que aquellos seres cuyas vidas has tocado, y aquellos otros que han dejado su huella en ti, siempre ocuparán un lugar especial en tu corazón.

✓ No te preocupes demasiado por lo material. Valoriza más la bondad y generosidad que habitan en tu corazón.

✓ Que encuentres tiempo cada día para apreciar la belleza y el amor que te rodean.

- ✓ Piensa que como seres humanos tenemos muchas cosas en común, pero en el fondo todos somos diferentes. Aprecia y respeta las diferencias.
- ✓ Lo que sientes que careces en el presente puede ser tu fortaleza en el futuro.
- ✓ Que veas un futuro lleno de posibilidades.
- ✓ Que encuentres suficiente fortaleza en tu interior para determinar por ti mismo tu valor, y no dependas de la opinión de otros para reconocer tus grandes habilidades.

Dale Carnegie
Superación personal

SECRETO 27

ELIGE LAS COSAS IMPORTANTES

Nuestra vida cambia en el instante en que descubrimos que hasta "lo más urgente" se puede posponer, teniendo en mente que nada en la vida es tan urgente como para perder la oportunidad de disfrutarla y trascender en ella.

A través de la historia de la humanidad, muchas personas han perdido a sus familias y sus más preciados sueños, sólo por creer que todo es urgente. Si no se encuentran trabajando más de diez horas diarias, no están conformes.

Por otra parte, todos tenemos paradigmas tan fuertes respecto de las cosas "urgentes" de la vida, que nos llevan a estados de ánimo sumamente nocivos para nuestra salud, relaciones y realización personal. Paradigmas como la urgencia del ama de casa por tener todo exageradamente limpio antes de que se despierten los miembros de su familia o el empleado de oficina que se obsesiona por tener concluidas, en una semana, las actividades programadas para ser realizadas durante todo un mes. Esta clase de pensamientos arraigados nos impiden realizar los sueños que nos llevarán a disfrutar y trascender en la vida.

Es increíble cómo a veces transformamos los pequeños problemas o dificultades en situaciones que parecen ser "súper urgentes". Tomamos nuestros objetivos y metas tan en serio, que olvidamos disfrutar las cosas agradables que la vida nos ofrece.

El mejor consejo para disfrutar al máximo de la vida, de una manera totalmente positiva y tranquila, es admitiendo que, en la mayoría de los casos, nosotros creamos en nuestra mente las situaciones de urgencia, ya que éstas no suceden exactamente como las tenemos planeadas, pero lo más importante es tomar en cuenta que hasta lo más "urgente" puede esperar, mientras nosotros disfrutamos de esta maravillosa aventura.

El mejor día

Esta mañana desperté emocionado con todas las actividades que tengo que hacer antes de que el reloj marque la media noche.

Tengo responsabilidades que cumplir hoy, soy importante.

Mi trabajo es escoger qué clase de día voy a tener, hoy puedo quejarme porque el día está lluvioso, o puedo dar gracias a Dios porque las plantas serán regadas gratis.

Hoy me puedo sentir triste porque no tengo más dinero, o puedo estar contento porque mis finanzas me empujan a planear mis compras con inteligencia.

Hoy puedo quejarme de mi salud, o puedo regocijarme porque estoy vivo.

Hoy puedo lamentarme por todo lo que mis padres no me dieron mientras estaba creciendo, o puedo sentirme agradecido de que me permitieran haber nacido.

Hoy puedo llorar porque las rosas tienen espinas, o puedo celebrar que las espinas tienen rosas.

Hoy puedo quejarme porque tengo que ir a trabajar, o puedo gritar de alegría porque tengo un trabajo.

Hoy puedo quejarme porque tengo que ir a la escuela, o puedo estudiar y abrir mi mente enérgicamente y llenarla de nuevos y ricos conocimientos.

El día se presenta ante mí esperando a que yo le de forma, y aquí estoy yo... su escultor.

Lo que suceda hoy depende de mí, de nadie más. Yo debo escoger qué tipo de día voy a tener.
Por favor, ten un gran día, Dios te lo regala, disfrútalo.

Grabad esto en vuestro corazón: cada día es el mejor del año.

Ralph Waldo Emerson
Creating a Success Environment

SECRETO 28

TÓMATE UN RESPIRO

Para la mayoría de las personas es casi imposible tener su agenda vacía, ya que estar sin hacer nada y relajarse aunque sea por un instante es algo fuera de la realidad. Sin embargo, no hacer nada y darle un respiro a nuestra vida nos permite entrar en un estado de paz y de tranquilidad interior y, con práctica y paciencia, aprender el milenario y preciado arte de la relajación.

Parte de nuestras presiones y ansiedades internas se deben, principalmente, a que siempre procuramos estar ocupados, y creamos el hábito de buscar una actividad para emplear nuestro tiempo.

Cuando estamos trabajando en un proyecto, casi siempre pensamos en cuál será el próximo. En la oficina, revisamos nuestra agenda y pensamos en llenarla con actividades que debemos realizar urgentemente, mientras tomamos el teléfono, leemos correos y nos aseguramos de tener juntas o reuniones durante toda la jornada laboral.

Lo agradable de estar sin hacer nada, sólo por un instante, es que aprendemos de manera natural a despejarnos y entrar en un estado temporal de relajación, lo cual resultará más que fantástico, ya que de vez en cuando necesitamos dar un respiro a nuestra vida y salir de la rutina en la que estamos inmersos. Cuando decidimos dar ese respiro, surge en nosotros la energía creativa y la fortaleza interna que nos permitirá enfrentar cualquier reto futuro de manera positiva y renovada.

Cuando nos damos la oportunidad de tomar un leve respiro en nuestra jornada, alejamos totalmente la presión de nosotros y nos damos cuenta de que, brindarnos una tregua para alejarnos de las situaciones cotidianas y retomar nuevos bríos para enfrentar los retos que la vida tiene para nosotros, es el principio para preparar nuestra mente y salir adelante ante cualquier situación estresante de la mejor manera posible... ¡Relajado!

No claudiques

Si en la lucha el destino te derriba.
Si todo en tu camino es cuesta arriba.
Si tu sonrisa es ansia insatisfecha.
Si hay faena excesiva y vil cosecha.
Si a tu caudal se contraponen diques.
Date una tregua, ¡pero no claudiques!

Rudyard Kipling
Superación personal

SECRETO 29

¿CÓMO SER FELICES?

Las personas más felices no siempre son las más ricas, ni las más hermosas, ni siquiera las de más talento.

La felicidad no depende de las emociones y alegrías que vienen de impresiones superficiales: consiste en saber disfrutar de las cosas fundamentales, las cuales son con frecuencia las más simples de la vida.

Las personas felices no malgastan el tiempo envidiando la buena fortuna de los demás; no suspiran por el pasado o por el porvenir. Saborean el momento presente, gozosas de vivir, disfrutando de su trabajo, de su familia, de las cosas buenas que les rodean aquí y ahora.

Las personas felices son adaptables; saben ajustarse a las circunstancias, adaptarse a los cambios de su época, gozar los diferentes momentos de la vida; y se sienten en armonía con el mundo. Viven con la mirada puesta en lo exterior, son perspicaces, compasivas y poseen la facultad de amar la vida.

Aprender a vivir con lo que se tiene y no con lo que se carece nos ayudará a que la felicidad siempre esté de nuestro lado; claro que no todos los días son iguales, muchas veces en el camino hay cosas que nos pueden doler demasiado, así como numerosos problemas por resolver, situaciones difíciles de nuestros seres queridos que nos afectan, y varios motivos para que nuestro cielo se oscurezca a veces un poco... Pero si somos de corazón grande y sabemos enfrentar todos los contratiempos nadie nos puede quitar la felicidad, ya que eso es una decisión personal, cada quien es tan feliz como decide serlo; ante los diferentes estímulos o circunstancias que se nos presentan en la vida, tú tienes la capacidad de elegir una respuesta positiva.

La felicidad se vive en aquellos pequeños trozos del tiempo en los que nos sentimos enormemente dichosos con lo que hacemos y tenemos. Si en la vida, aun con todos sus contratiempos y dificultades, somos capaces de seguir siendo felices y dando amor, también recibiremos buena vibra de quienes nos rodean, considerando que la energía que estamos enviando al universo regresará a nosotros utilizando la misma frecuencia vibratoria del amor y felicidad que estamos irradiando en forma de energía cósmica.

Si somos capaces de disfrutar de las cosas pequeñas, como de un paseo, de mirar los árboles o del canto de los pájaros, nuestra vida será muy feliz porque estaremos dispuestos serlo. Ser feliz es una actitud ante la vida, si realmente deseas cambiar tu vida, lo puedes lograr cambiando tu actitud.

Aprendamos a vivir con una sonrisa, despertemos cada día tratando de ser buenas personas, que nunca nos abandone el deseo de seguir sirviendo a los que nos rodean, seamos un buen ejemplo a seguir para los nuestros, de tal manera que cuando nos recuerden digan que siempre tenemos una sonrisa en el rostro, que somos de un gran corazón capaz de entregar todo por el bien de los demás... una persona así, siempre dejará huellas positivas en la vida de quienes lo rodean. La energía y las emociones positivas que compartimos se contagian, que mejor que hacerlo con nuestros seres queridos. Tu vida debe ser más grande que tus miedos, y tu fuerza mayor que tus dudas.

En verdad, qué bueno sería ser recordado como una persona que reflejaba alegría, felicidad y entusiasmo en las grandes y pequeñas cosas, eso hace la diferencia en nuestra vida, vivir en forma positiva y agradecido con Dios.

La alegría es la piedra filosofal que todo lo convierte en oro.

Benjamín Franklin
Motivación y personalidad

SECRETO 30

LA VIDA TE SONREIRÁ

Vive tu vida felizmente para que todos los que están a tu lado se reflejen en ti, es mejor ser luz que oscuridad, es mejor dar que recibir.

Pável Iván

No tomes la vida como una carrera. No es una competencia hacia una meta de llegada. Dios no quiere que llegues a Él por lógica inercia o con apuros fanáticos. No quiere que al final digas: "Sólo se trataba de esto y nada más". No.

La vida es más que la suma de seres vivos, es un tesoro compartido, un brillante tiempo que ilumina al universo en cuanto te ha sido dada, porque allí es donde nace la esperanza, donde hay un soplo de vida cálido, un soplo de eternidad.

La vida es la sonrisa de una madre en el recuerdo, es la palabra y la mirada de nuestro padre, llena de comprensión y misterio que nos habla en algún rincón de la memoria. La vida es saber disfrutar y compartir el cariño inmenso que nos rodea cuando estamos en familia. Lo comprobamos en alguna fiesta, cuando nace un ser, cuando se casa un pariente. Los ojos llenos de esperanza, la piel fresca de alegría. La vida es dar un abrazo temprano a quienes queremos y un beso sincero en el encuentro.

Cuando aprendas a ver el corazón de las cosas, cuando veas con los ojos del alma la razón de lo que no tiene razón, entonces comprenderás que la vida es más que la suma de sus partes, que es la esencia misma bailando en el espacio, cantando en el viento, mojándote en la lluvia, abrigándote en el silencio de una noche fría frente al fuego. Comprenderás que el otro tiene las mismas inquietudes, los mismos miedos ocultos, que también siente respeto por algo, que alberga culpas que no logra sacar, sonrisas que no puede brindar, ganas de ser querido, ¡tantas cosas!... tantas... como también tienes tú.

Verás que el otro es parte de tu vida y tú vives porque hay otro que vive para verte, que aprendiste muchas cosas, porque alguien te las enseñó. Tus padres, tu escuela, tus amigos... Comprenderás que la vida es siempre un camino que sólo se hace al andar con la mirada franca y un beso lejano esperándonos en algún horizonte. Sabrás que transitamos por un sendero único e irrepetible porque es la huella que vamos haciendo en el mundo, nuestra marca, nuestra señal, que escribimos en los renglones de un relato compartido. Y tan sólo de nosotros depende un mejor verso, una gran alegría, una palabra de aliento, un momento de olvido o una canción de amor, de nosotros depende elegir la forma de mejorar nuestro rumbo y que cada día sea un canto al sol.

La vida es para aprender a amar y a perdonar, a olvidar cuando debemos olvidar, a recordar cuando debemos recordar. La vida es para ampliar los afectos y reflexionar sobre nuestras vivencias, para que pensemos en los frutos de nuestros actos y veamos, claramente, sin ningún tipo de adorno ni justificaciones oportunistas lo que hemos hecho en el tiempo y todavía, si podemos, cambiar alguna situación.

No ocupes tu tiempo en ver sólo el aspecto negativo de las cosas... sueña, imagina, planea una salida, invita a alguien a comer a tu casa, da un abrazo y ríete con las personas que sonríen, ama a quienes aman, alégrate con quienes te alegren el día, haz las cosas simples porque en lo simple brilla una pequeña luz que se hace fantástica e inmensa a los ojos de quien atesora ilusiones.

Nunca hagas o digas algo que resulte demasiado duro a una persona solitaria porque, aunque a ti te parezca que en circunstancias normales cualquiera lo tomaría con naturalidad, ella podría verse herida mortalmente, pues su mente y su corazón son más sensibles a las influencias del exterior. Trata de llevarle un motivo de felicidad, un minuto de alegría, un momento de amor y te lo agradecerá infinitamente.

¿Sabes?, la felicidad es pariente de la belleza y la belleza es el rostro de la verdad. Cuando descubrimos una verdad, descubrimos algo bello, y lo bello sólo puede regocijarnos en el alma porque la verdad y la belleza son atributos de Dios. No pienses en que la verdad es "dura", lo duro, feo o desagradable no es la verdad, eso se llama realidad, la que el ser humano crea todos los días con su insistente capacidad de nombrar y clasificar las cosas. La verdad es el motivo de la felicidad y la libertad, porque nos libera de fantasmas y dudas al caminar, porque nos hace bellos si la sabemos cuidar, porque es el final del camino al que hemos de llegar.

La vida es un encuentro entre Dios y tú. Disfruta tu tiempo sabiendo que el pasado y el futuro son instantes de una realidad que se actualiza de acuerdo con tu conciencia, la cual se enciende a cada instante e ilumina lo que toca, lo que ve y hasta lo que niega. Recuerda que la vida es más que la suma de seres vivos, es un tesoro compartido del cual formas parte. Cuando comprendas esto, llenarás tus pulmones vacíos con un soplo de eternidad y serás uno con la vida, y ella finalmente te sonreirá.

Alégrate de la vida porque ella te da la oportunidad de amar, de trabajar, de jugar y de mirar las estrellas.

Henry Van Dyke
Psico-cibernética

SECRETO 32

PARA ALCANZAR LA FELICIDAD

La mayoría de las cosas que nos suceden en la vida son sólo eventos pasajeros, situaciones o detalles sin relevancia, todo es cuestión de imaginarnos que, sin importar las circunstancias en las cuales nos encontremos en este momento, lo más probable es que en el futuro ni siquiera recordemos con exactitud qué era aquello tan importante que nos preocupaba. De vez en cuando, las situaciones a las que nos enfrentemos serán realmente importantes y urgentes, y requerirán que ocupemos todo nuestro tiempo y energía en ellas, pero serán contadas las ocasiones en que esto suceda.

Independientemente de las situaciones que la vida nos plantee hoy, y los pleitos, conflictos, desilusiones, errores, oportunidades perdidas, accidentes o cualquier otra cosa que nos pueda llegar a causar algún malestar en este instante, siempre habrá un hermoso amanecer en un futuro inmediato, todo es cuestión de tomar las cosas con calma, esperando a que pase la tempestad y las aguas vuelvan a retomar su cauce, ya que siempre habrá situaciones sin importancia, sólo hay que ubicarnos e imaginarnos en un mejor escenario, pues la mayoría de las circunstancias que hoy nos parecen trágicas serán realmente irrelevantes en el mañana.

Pensemos en todas las oportunidades que hemos desperdiciado y las relaciones que hemos perdido, debido a que tomamos las cosas triviales como asuntos de vida o muerte, en lugar de emplear este momento de nuestra vida positivamente, disfrutando al máximo de cada instante en compañía de nuestros seres queridos, ya que ésta es la mejor manera de alcanzar la felicidad plena.

El secreto del éxito es simple: averigua qué es lo que te gusta hacer y dirige todas tus energías hacia ello. Haciendo esto, la abundancia iluminará tu vida y todos tus deseos se cumplirán sin mayor esfuerzo.

Pável Iván

SECRETO 33

ACTÚA PARA LOGRAR LA TRANSFORMACIÓN

Sería una locura pensar que las cosas van a cambiar si sigues haciendo lo mismo. Para obtener resultados diferentes, debes tomar acciones distintas. Trata de evitar la postergación y comienza con una pequeña acción para transformar tus sueños en bellas realidades.

No esperes a que la montaña venga a ti, mejor búscala, escálala y conquístala tú mismo. Recuerda que no existe "el momento ideal" para iniciar algo importante. Al universo le encanta la velocidad, así que actúa de inmediato y trabaja con los recursos con los que cuentas hoy, pues conforme avances, la tarea te resultará cada vez más sencilla y sentirás más placer. Aplica tu poder mental para lograr lo que deseas en la vida, impulsa tu energía y también los talentos de las personas que te rodean para obtener las metas que persigues.

Concéntrate y esfuérzate cada día para dar lo mejor de ti, enfócate en un solo objetivo a la vez. Toma las decisiones y actúa de forma rápida, de esa manera las fuerzas del universo estarán siempre a tu favor.

Selecciona aquellas actividades que te fascina realizar y desarróllalas a tal grado que puedas entregar alma, vida y corazón para adquirir la maestría en la ejecución de las mismas, lo cual te permitirá lograr tus metas de una forma natural y satisfactoria. Vivir felizmente es un poder que existe dentro del alma.

El éxito comienza con la voluntad

Si piensas que estás vencido, lo estás.
Si piensas que no te atreves, no lo harás.
Si piensas que te gustaría ganar pero no puedes,
no lo lograrás.

Si piensas que perderás, ya has perdido.
Porque en el mundo encontrarás
que el éxito comienza con la voluntad del hombre.
Todo está en el estado mental.

Porque muchas carreras se han perdido
antes de haberse corrido,
y muchos cobardes han fracasado,
antes de haber su trabajo empezado.

Piensa en grande y tus hechos crecerán.
Piensa en pequeño y quedarás atrás.
Piensa que puedes y podrás.
Todo está en el estado mental.

Si piensas que estás aventajado, lo estás.
Tienes que pensar bien para elevarte.
Tienes que estar seguro de ti mismo,
antes de intentar ganar un premio.

La batalla de la vida no siempre la gana
el hombre más fuerte, o el más ligero,
porque tarde o temprano, el hombre que gana,
es aquel que cree poder hacerlo.

Dr. Christian Barnard
Palabras que guían

SECRETO 34

JAMÁS TE DES POR VENCIDO

La vida es una oportunidad que tenemos para salir adelante. La forma en que la afrontemos, la actitud y pensamientos que tengamos ante ella, determinará nuestro éxito o fracaso.

Cada meta que nos proponemos realizar pasa primero por nuestra mente en forma de pensamiento, plan o actitud, transformándose después en una actividad realizada mediante la acción. Esto es un proceso en tres pasos: primero pensamos, luego estructuramos y, por último, lo llevamos a cabo.

Es importante contar siempre con una actitud mental positiva, si es que deseamos lograr resultados positivos en nuestra vida. Debemos pensar de forma optimista, pues si obramos bien, tarde o temprano, obtendremos buenos resultados.

Regularmente, cualquier persona a quien le hagamos un bien siempre nos llevará en su pensamiento. Recuerda que lo que siembras hoy, es lo que cosecharás mañana. Si tenemos una actitud mental positiva y optimismo, lograremos resultados sorprendentes, sólo es cuestión de intentar, insistir y perseverar hasta alcanzar el éxito deseado. ¿Cómo puedes saber que no se puede lograr algo sin haberlo intentado? Si una persona inteligente y con un gran carisma es floja para intentar esto, de nada sirven sus cualidades personales; pero si alguien menos inteligente, y sin tantas cualidades, es perseverante, logrará alcanzar sus metas sin importar estos impedimentos. El desánimo y la apatía no nos llevarán a ninguna parte, en cambio, la actitud mental positiva, el entusiasmo y la acción, son elementos tan poderosos que nos ayudarán a transformar todos nuestros sueños en realidad.

Una estrella verde

Existían millones de estrellas en el cielo, estrellas de todos los colores: blancas, plateadas, verdes, doradas, rojas, azules. Un día, inquietas, se acercaron a Dios y le propusieron:

—Señor, nos gustaría vivir en la Tierra, convivir con las personas.

—Así será —respondió el Señor—. Las conservaré a todas ustedes pequeñitas, tal como se ven de lejos, para que puedan bajar a la Tierra.

Cuentan que en aquella noche hubo una fantástica lluvia de estrellas. Unas se acurrucaron en las torres de las iglesias, otras fueron a jugar y a correr junto con las luciérnagas por los campos, algunas se mezclaron con los juguetes de los niños. La Tierra quedó maravillosamente iluminada. Pero con el correr del tiempo, las estrellas decidieron abandonar a los hombres y volver al cielo, dejando a la Tierra oscura y triste.

—¿Por qué volvieron? —preguntó Dios, a medida que ellas iban llegando al cielo.

—Señor, nos fue imposible permanecer en la Tierra, existe allí mucha miseria, violencia y hay demasiadas injusticias.

El Señor les contestó:

—¡Claro! Ustedes pertenecen aquí, al cielo. La Tierra es el lugar de lo transitorio, de aquello que cae, de aquel que yerra, de aquel que muere. Nada es perfecto. El cielo es el lugar de lo inmutable, de lo eterno, de la perfección.

Después de que había llegado una gran cantidad de estrellas, Dios verificó la cantidad y habló de nuevo:

—Nos está faltando una estrella, ¿dónde estará?

Un ángel que estaba cerca replicó:

—Hay una estrella que resolvió quedarse entre los hombres. Ella descubrió que su lugar es exactamente donde existe la imperfección, donde hay límites, donde las cosas no van bien, donde hay dolor.

—¿Qué estrella es ésa? —volvió a preguntar Dios.

—Es la Esperanza, Señor, la estrella verde.

La única estrella de ese color. Y cuando miraron hacia la Tierra, la estrella no estaba sola: la Tierra estaba nuevamente iluminada, porque había una estrella verde en el corazón de cada persona. Porque el único sentimiento que el hombre tiene, y Dios no necesita retener, es la esperanza. Dios ya conoce el futuro y la esperanza es propia de la persona humana, propia de aquel que yerra, de aquel que no es perfecto, de aquel que no sabe cómo puede conocer el porvenir.

Recibe en este momento esta estrellita verde en tu corazón, la Esperanza.

No dejes que ella huya y no permitas que se aparte.
Ten la certeza de que ella iluminará tu camino,
sé siempre positivo y agradece todo a Dios.
Sé siempre feliz y contagia a otras personas tu felicidad.

Pável Iván

SECRETO 35

CULTIVA EL BUEN HUMOR

En algunos momentos de nuestra vida sentimos como si el mundo se nos viniera encima, pero con el tiempo, aquella situación que nos parecía tan desagradable luce realmente hermosa, ya que cuando estamos de buen humor la vida es la más bella y extraordinaria de las aventuras que jamás hayamos tenido, una aventura en la cual todo nos parece sencillo de alcanzar. Cuando estamos de buen humor, hasta los más graves problemas se nos hacen fáciles de resolver; establecer relaciones y obtener una comunicación de calidad son para nosotros lo más sencillo del universo.

Todo es cuestión de comprender que hasta el ser más tranquilo del planeta Tierra llega a tener días o instantes en los que su humor no es del todo bueno, alejándose de su apariencia habitual y perdiendo la perspectiva que le permite tomar las cosas con calma.

Es precisamente en esos momentos o malos ratos, en los que experimentamos un estado de ánimo bajo, cuando debemos pensar de manera positiva, ya que la vida casi nunca es tan mala como parece ser cuando nos encontramos de mal humor. Los más grandes conflictos, problemas o situaciones irreparables surgen cuando nosotros, o las personas con las cuales interactuamos, nos encontramos de mal humor. Debemos tener siempre presente esta premisa y dejar que el tiempo, y no nosotros con nuestra mala actitud, se encargue de hacer que nuestro estado de ánimo vuelva a ser el mismo de siempre.

Recuerda que el peor momento para realizar un análisis, tomar decisiones o hacer cambios en tu vida, es cuando estamos pasando por un estado de ánimo bajo. Haciéndolo comprobarás lo fácil que puede ser meterse en problemas y lo difícil o casi imposible que resulta salir de ellos, ya que es mucho mejor no tomar las cosas tan en serio y esperar a que las aguas vuelvan a tomar su cauce.

SECRETO 36

CREA TU PROPIA VIDA

Fíjate con qué tipo de personas te rodeas; ellas son parte de tu entorno y éste es sumamente gravitante en tu desarrollo. Debes tratar de alternar con gente que tenga tus mismas aspiraciones. Algunas veces, las personas llegan a nuestra vida y rápido nos damos cuenta de que debe ser así para lograr un propósito, para aprender una lección, para descubrir quiénes somos en realidad, para mostrarnos lo que deseamos alcanzar. Tú no sabes quiénes son estas personas, pero, cuando fijas tus ojos en ellas, sabes y comprendes que influirán en tu vida profundamente.

En ocasiones te ocurren cosas que parecen horribles, dolorosas e injustas; sin embargo, después entiendes que si no hubieras superado estas circunstancias nunca hubieras alcanzado tu potencial, aplicado tu fuerza, o el poder de tu corazón. Todo pasa por una razón. Nada sucede por casualidad o por suerte; enfermedades, heridas, desamor, momentos perdidos de grandeza o de puras tonterías, todo ocurre para probar los límites de tu alma. Sin estas pequeñas pruebas, la vida sería como una carretera recién pavimentada, suave y lisa, directa, sin rumbo, plana, cómoda y segura, pero empañada y sin razón.

Las personas que conoces influyen en tu vida, las caídas y los triunfos que experimentas crean a la persona que eres. Aún se puede aprender de las malas vivencias. Quizá sean las más significativas. Si alguien te hiere, te traiciona o te rompe el corazón, debes darle las gracias porque te ha enseñado la importancia de perdonar, además de ayudarte a despertar tus sentidos para tener más cuidado la próxima vez que abras tu corazón.

Si las personas te aman, ámalas tú también, no porque te amen sino porque te han enseñado a amar y a abrir tu corazón y tus ojos a las pequeñas cosas de la vida. Haz que cada día cuente, y aprecia cada momento, aprende todo lo que puedas, porque quizás después no tengas la oportunidad de asimilar lo que tienes que aprender de este instante. Entabla una conversación con gente con la que no hayas dialogado nunca y presta atención a lo que expresan. Permítete enamorarte, liberarte y poner tu vista en un lugar muy alto. Mantén tu cabeza en alto porque tienes todo el derecho de hacerlo. Repítete a ti mismo que eres un individuo magnífico y créelo, si no crees en ti nadie lo hará. Invierte todo el tiempo y la energía necesarias para la posesión más importante que tienes: tú mismo. Haz efectivas tus fortalezas e irrelevantes tus debilidades.

SECRETO 37

DECIDE HACIA DÓNDE QUIERES IR

Nunca olvides la importancia de vivir con júbilo desbordante.
Nunca descuides la exquisita belleza de todas las cosas vivas.
Hoy y el momento que compartimos son un regalo.
Céntrate en tu propósito. El universo se encargará de lo demás.

Pável Iván

Decide hacia dónde quieres ir, es decir, tus objetivos. Si no lo decides bien, llegarás a otro sitio que quizás no te guste. Define, por escrito, de cinco a siete objetivos. No más, porque te desenfocarías; ni menos, porque descuidarías facetas importantes de tu vida. Piensa en ti mismo, en tu familia, amor, salud, trabajo o estudio, y fíjate metas para cada uno de estos aspectos. Serán tus aspiraciones a largo plazo.

Tus objetivos deben ser motivadores, claros, cuantificables, con plazo, compatibles entre sí y retadores, pero alcanzables.

La eficacia no es cuestión de reloj,
sino de brújula, de saber adónde vas.

Stephen R. Covey
Los 7 hábitos de la gente altamente efectiva

Escribe tus objetivos y mantenlos a la vista: te inspirarán y te guiarán. Ante cada situación nueva o imprevista que te plantee dudas acerca de cómo reaccionar, tus metas te permitirán responder del modo más asertivo. Serán tu norte y tu guía.

Jamás te des por vencido. Cuando pienses que ya has agotado todas las posibilidades, recuerda algo: no lo has hecho. Todo está listo, sólo faltas tú para crear el milagro. No consultes a tus miedos, sino a tus esperanzas y sueños. No pienses en tus frustraciones, sino en tu potencial no empleado. No te preocupes por lo que trataste y fallaste, sino por lo que aún puedes hacer.

Tus sueños te están esperando, sólo tienes que caminar hacia ellos hoy, ya que la acción tiene poder y magia.

Las grandes oportunidades de la vida pertenecen
a aquellos que luchan constantemente por alcanzarlas
y no se dan por vencidos hasta lograrlas.

Pável Iván

SECRETO 38

TÚ ERES LO QUE PIENSAS

Para mejorar tus habilidades debes pensar como una persona exitosa. Hoy en día existen más oportunidades que nunca para mejorar las habilidades y destrezas personales. Aprovéchalas.

El mundo externo tiende a reflejar tu mundo interno. Con el paso del tiempo, atraes cierta clase de personas, oportunidades y circunstancias a tu vida, que van de acuerdo con la armonía con la que piensas y actúas. Es muy cierta la afirmación de que uno es lo que piensa.

Las personas exitosas pasan la mayor parte de su tiempo pensando en lo que desean, y en cómo obtenerlo. Pasan todo el día hablando y pensando sobre cómo alcanzar sus metas. Mientras más expresan sus metas, más positivos y entusiastas se vuelven.

La cualidad más importante de las personas exitosas es su optimismo, son así por naturaleza. Como tienen mayores expectativas sobre el éxito que van a lograr, persisten ante la adversidad y, al final, obtienen más de lo esperado.

Si haces los ejercicios mentales correctos, a diario, pronto desarrollarás una gran agilidad mental, lograrás altos niveles de autoestima y confianza, y tendrás una actitud positiva ante la vida. La cuestión está en cómo lograr todo esto.

Pon tu corazón en lo que haces

Las personas exitosas tienen una cualidad especial: el poder de creer. Ellos creen en sus compañías, en los productos y servicios que venden; de la misma forma creen en sus clientes. Pero sobre todo creen en sí mismos. La habilidad que tengas para convencer a los demás está directamente relacionada con el nivel de creencia que tengas en ti mismo, razón por la cual las ventas son descritas a menudo como una transferencia de entusiasmo. No podrás transmitir entusiasmo si no tienes el necesario para dar esa impresión. Una forma de convertirse en una persona exitosa —incrementar el poder de creer— es pensando y decir a diario: "Amo mi trabajo".

Mientras más lo repitas más te gustarás a ti mismo y amarás tu trabajo, disfrutando las actividades que le competen. Los clientes perciben esa realidad y responden de acuerdo con ella. Si pones todo tu corazón y tu mente en lo que haces, estarás destinado a tener éxito. No se puede ser feliz si lo que hacemos es distinto a lo que creemos.

SECRETO 39

TOMA LA INICIATIVA

Programa a cada tarea el tiempo adecuado y nada más. Si le asignas poco, te sentirás presionado y es probable que no la concluyas. Si le asignas demasiado, es posible que te confíes en que tienes todo el tiempo del mundo.

"Si lo quieres pronto y bien hecho, hazlo tú mismo". Esto lo puedes aplicar en algunas de tus actividades. Muchas veces es mejor pedir ayuda, pregúntate siempre qué puedes delegar y a quién. La única trampa que puedes hacerle al tiempo es utilizar "tiempo ajeno", esto te puede servir para motivar y desarrollar a las personas que te rodean. Pero es preciso supervisar cada una de las actividades que decidas delegar.

Los proyectos son una forma inteligente de hacer que el trabajo sea importante

Para avanzar en el trabajo es preciso presentar proyectos de los cuales la gente diga: "¡Magnífico!"; que sean interesantes porque parecieran tener el potencial de cambiar el mundo. Inicia proyectos que transformen toda la empresa. Eleva tu capacidad para tolerar el fracaso y da valor a tu organización. Los proyectos son más una necesidad que una opción.

En vez de esperar tu turno, toma la iniciativa

A continuación, te presentamos algunas sugerencias en este sentido:

1. Proponte como voluntario para hacer las tareas que nadie más quiera realizar.
2. Busca un cómplice que conspire contigo. Juntos dedíquense a algo que sea maravillosamente interesante. Si los resultados son considerables, pronto todos querrán unírseles.
3. Conviértete en un experto en proyectos nuevos. De este modo, serás capaz de experimentar con nuevas ideas más rápido que los demás.
4. Busca grandes alas en empaques pequeños, es decir, aprende a convertir pequeños logros obtenidos al principio, en historias exitosas a largo plazo.
5. Cuando comiences a tener éxito, comparte el crédito. Permite que tu equipo y hasta tu jefe tomen parte del crédito del proyecto.

Para sobrevivir y prosperar, todo el mundo debe vender

Sólo es posible sobrevivir en este complejo mundo si todos nos convertimos en vendedores de primera. Incluso la presentación de proyectos y de nuestro trabajo es una cuestión de "ventas". En este sentido, es preciso:

1. Ser astuto y saber de qué se está hablando.

2. Saber cómo opera diariamente la compañía, empresa o negocio.
3. Comunicarse con los clientes, constantemente, para llegar a conocerlos de una forma profunda y satisfacer sus necesidades de manera adecuada.
4. Respetar a la competencia, nunca menospreciarla.
5. Desarrollar relaciones con el equipo de su cliente.
6. Conocer directamente a los proveedores.
7. Cumplir siempre con los tiempos de entrega.
8. Vender soluciones para problemas específicos.
9. Pedir siempre ayuda a los más experimentados.
10. Tratar los problemas del cliente como si fueran propios.
11. Responsabilizarse personalmente de todo lo que hace la compañía.
12. Compartir siempre información.
13. Alejarse de los malos negocios (no valen la pena).
14. No quejarse por perder ventas debido a los precios (sigue agregando valor).
15. Ser consciente del valor que ofrece.
16. Buscar clientes que sean enviados por la competencia, es decir, clientes insatisfechos que buscan algo más que lo ya ofrecido.
17. Hablar y pensar sobre el compañerismo todo el tiempo.
18. Enviar notas de agradecimiento a diario.
19. Convertir al cliente en un héroe.
20. Proponerse cambiar el mundo y hacer que todo parezca sencillo de realizar.

Hagamos lo difícil inmediatamente y tomémonos un poco más de tiempo para lo imposible. El momento para hacer eso que piensas es ahora, nunca es tarde para comenzar, así que empieza hoy a convertir tus sueños en realidad.

Pável Iván

SECRETO 40

ADMINISTRA TUS OBJETIVOS

Nuestra cultura sobrevalora la acción. La persona ocupada se siente importante, pero recuerda que: "Ocupado es diferente a productivo". Tu consciente sólo puede ocuparse eficazmente de un pendiente a la vez, la dispersión te llevará al estrés.

Cambiar de una tarea a otra retrasa a las dos, recuerda que no cuenta lo que trabajas, sino lo que terminas. Convierte en un hábito preguntarte si lo que vas a hacer es lo mejor que puedes realizar ahora.

Visualiza el resultado para encontrar patrones recurrentes

El cerebro humano es muy bueno al momento de reconocer patrones. Para cultivar esta destreza, visualiza el resultado al que quieres llegar con tanto detalle como te sea posible. Esto permitirá que tu mente comience a reconocer hábitos, habilidades y métodos necesarios para realizar el objetivo en cuestión.

Haz lo más importante, no lo más sencillo

Jerarquiza tus tareas de un modo que te sea conveniente. Distribuye tu tiempo con el fin de hacer lo que es más importante para conseguir tus objetivos. Para ello, debemos desarrollar nuestro propio sistema de alarmas y jerarquías. Este debería ser un proceso más formal que unas simples notas pegadas en la pantalla de tu computadora. Los pasos son sencillos:

1. Centraliza todas tus tareas en un sólo lugar.
2. Establece tus prioridades tomando en cuenta qué es lo más importante y qué es lo menos importante.
3. Delibera bien acerca del siguiente paso a tomar para realizar la actividad.

Tu energía debe siempre seguir tus pensamientos

Mucha gente deja ciertas cosas en la puerta de salida de su casa para no olvidarlas. Éste es un buen sistema recordatorio. El mismo principio puede ser aplicado a lo que pensamos. Deja recordatorios en lugares que frecuentemente observes. Para ello, busca algo que se ajuste a tu estilo de trabajar. Por ejemplo, escribe tus objetivos en tarjetas de cartón y llévalas siempre contigo o colócalas en lugares estratégicos de tu hogar.

Cuando comenzamos a pensar en un objetivo a largo plazo, no somos capaces de visualizar todos los detalles. Pero a medida que continuemos pensando en él, la mente irá desarrollando un plan detallado para lograr nuestros objetivos. Concentrarse de este modo te permitirá poner toda tu energía mental en tus objetivos. Esto activará aún más tu capacidad de pensar en soluciones y oportunidades para lograr lo deseado.

Pensar con claridad mejorará nuestro rendimiento

Para mejorar tus instintos creativos, establece con claridad por qué estás haciendo lo que estás realizando. Elabora un inventario de tus activos personales y procedimientos administrativos. Es posible que estos últimos sean anticuados: deshazte de los mismos si es el caso. Mientras más claros sean nuestros objetivos, más sencillo será desatar la creatividad. Recuerda que la oportunidad de triunfar no llega a quienes la esperan, sino a quienes la buscan y actúan en consecuencia.

Si te comprometes a dar lo mejor de ti en vez de tratar simplemente de ser bueno, nuevas reservas de inteligencia y creatividad se abrirán. Quienes tratan siempre de ser los mejores disfrutan de mucha energía y satisfacciones. Todo debe comenzar con un compromiso hacia la excelencia.

Aprende a administrar tus ideas

Lleva siempre contigo un cuaderno dónde anotar las ideas que se te ocurran de repente. Por lo general, cuando ponemos nuestros retos en perspectiva aparecen las soluciones a los problemas planteados. Captura las ideas antes de que sean reemplazadas por otras. Toma en cuenta siempre tus objetivos, esto estimulará tu pensamiento.

Determina con claridad tu situación

Con el fin de incrementar nuestra productividad, es preciso crearse el hábito de:

1. Determinar cuál será el próximo paso a seguir en cada uno de los proyectos, objetivos o metas.

2. Escribe dichos pasos y elabora una lista centralizada de todos los proyectos, objetivos o metas, la cual tengas siempre a la vista.

3. Coloca recordatorios, relacionados con las tareas o actividades de tu lista, en lugares donde los pueda ver en el momento apropiado.

Confía en tu sistema

Una vez que comencemos a utilizar el sistema, debemos confiar en él de modo implícito. Concéntrate y pon todas tus energías en la tarea que estés realizando, y cuando termines haz lo mismo con las demás. Este método es mejor que ocuparse desordenadamente de todos los aspectos de tu vida.

La eficiencia requiere de un sentido claro

Si le damos un sentido a nuestra vida tendremos una visión enfocada y completa de la realidad. Asimismo, si nos ocupamos más de los objetivos que de los medios para conseguirlos, nos abriremos más a nuestra inspiración. En definitiva, la maestría se logra cuando determinamos cómo ser eficientes en los asuntos verdaderamente importantes.

Realiza una tarea a la vez

Sólo es posible lograr un buen rendimiento si atendemos por completo la tarea que tenemos entre manos. Esto es sencillo cuando algo es prioritario, pero la mayoría de las situaciones son bastante confusas en este sentido. La clave es incluir todo dentro del sistema. De este modo, nuestra mente no tendrá que concentrarse sino en lo realmente necesario.

La clave para poder lograr más cosas puede ser resumida con la siguiente frase: "Lograr el máximo de atención concentrándonos en la tarea apropiada, durante el tiempo adecuado y desde la perspectiva correcta".

La acción es uno de los grandes secretos del éxito, pon en práctica todas tus ideas a la brevedad posible, recuerda que al universo le encanta la velocidad. Para tener éxito no tienes que hacer cosas extraordinarias, sólo realiza tareas ordinarias extraordinariamente bien.

SECRETO 41

APRENDE A RELAJARTE

Durante el transcurso de nuestra vida, la mayoría de las personas postergamos las tareas realmente importantes y planeamos hacerlas después, por ejemplo: relajarnos, ya que damos a todo un sentido de urgencia total y sólo pensamos en relajarnos en el momento en que ya no tenemos cosas que hacer, lo cual, obviamente, nunca sucede.

Lo bueno de esto es que nosotros podemos decidir cuándo relajarnos, pues ello nos conduce a un estado de paz y tranquilidad mental que se traduce en resultados positivos para la vida, evitando caer en un estado caótico de estrés que puede afectar cualquier área de nuestro ser como dormir, comer, la salud mental, la vida sexual y las relaciones interpersonales.

Debemos aprender a reconocer cuando estamos cansados y hacer algo al respecto, ya que la vida nos pone exigencias que pueden ser estimulantes para la acción, pero no es bueno que este ritmo aumente y nos lleve cuesta abajo, es mejor reconocer que estamos sobrepasando nuestro nivel de estrés para detenernos a tiempo.

Hay que organizar nuestro día, teniendo en mente que de cierta hora en adelante ya no nos debemos preocupar por el trabajo. Si nos invade un recuerdo laboral, no debemos pensar en él, lo mejor es realizar una nota mental para retomar este asunto al día siguiente durante nuestra jornada laboral. Esto nos ayudará a controlar la ansiedad y podremos disfrutar de nuestro tiempo libre sin culpas ni preocupaciones.

Si padecemos de insomnio y despertamos en medio de la noche, lo más recomendable es alejarnos de estimulantes como el cigarro, ya que la nicotina tiene un efecto nocivo que nos impide conciliar el sueño, y esto hace más difícil la batalla contra el estrés diario. Un café o un cigarro antes de acostarnos nos prepararan para un mal sueño.

Dejemos que las otras personas se hagan cargo de sus propias tensiones. Probablemente, ellas no tengan la capacidad de controlar su nivel de estrés, pero para no estar inmersos en la misma situación y contagiarnos de ese estado de ánimo, debemos mantener nuestra distancia y evitar a los seres incapaces de mantener equilibrio y control sobre sus propias relaciones, ya que no involucrarnos en discusiones sin sentido es lo mejor para lograr un entorno placentero.

Debemos aprovechar cada oportunidad que tengamos para respirar lenta y profundamente, escuchar música suave y agradable, pues esto nos ayudará a escaparnos mentalmente de todas las presiones de la vida diaria. La música agradable activa ciertas zonas del cerebro que se relacionan con sensaciones placenteras, lo que en combinación con una respiración profunda y pausada nos proporcionará un efecto calmante sobre nuestro cuerpo y mente. Esto interrumpe la generación de pensamientos negativos y estresantes, ayudándonos a relajarnos.

Imaginemos que, cada vez que tengamos una sensación de ira o tristeza, nos encontramos en un sitio agradable como una playa soleada o abrazando a un ser amado. Esto nos ayudará a romper el círculo vicioso de pensamientos negativos, nos permitirá desarrollar confianza en la capacidad de autocontrol y podremos incorporar y disfrutar momentos agradables en nuestra vida.

Procuremos alejarnos del alcohol, el cual es ingerido por muchas personas estresadas contra la ansiedad, pero es un mal amigo, altera los patrones del sueño, ocasiona deshidratación, nos hace despertar precozmente, con sensación de fatiga, y esto causa mayor ansiedad.

Es de sabios reconocer lo que no podemos cambiar, ya que se encuentra fuera de nuestras posibilidades o círculo de influencia. A veces nos obsesionamos tanto tratando de resolver problemas casi imposibles, que empleamos muchísimo tiempo y energía de manera desgastante. Un buen consejo para enfrentar todas las situaciones que se nos presentan a diario, es dar lo mejor de nosotros mismos con actitud positiva, dejando lo demás en manos de Dios, esto nos dará confianza de que hicimos lo posible por resolver un problema y nos ayudará a evitar frustraciones en nuestra vida, debido a que estaremos conscientes de que hicimos nuestro mejor esfuerzo para salir adelante y con ello habremos sobrevivido a uno de nuestros más temidos enemigos: su majestad el estrés.

Los diez mandamientos rotarios

1. Procura comprender al prójimo como quisieras que te comprendieran.
2. No te jactes del bien que hiciste o te propones hacer. Sirve silenciosamente como la hierba y el árbol, que celebrando el gran retorno, florecen para cubrirse de enjambres.
3. Si nada haces en la vida, nada exijas ni censures. Si desconoces todo esfuerzo, no comprenderás el mérito del afán ajeno.
4. Todo será armonía cuando el hombre olvide su egoísmo y perdone cordialmente la incomprensión. Exalta la excelencia y olvida el mal y serás tarde o temprano ensalzado.

5. Haz de la hidalguía y de la honradez parte íntima y plena de tu ser. Por ellas, tu palabra tendrá fuerza suprema de ley.

6. Si no puedes arrancar de tu campo interior la hierba del resentimiento, acuérdate de que en un día de soledad pedirás indulgencia a los demás.

7. No pidas la moneda de la estima si no sabes llevar en tu conciencia la moneda sana de los caballeros. Sé digno en la vida para que tu obra de bien sea moneda de ley.

8. Procura elevar a jerarquía de religión la amistad. Si lo consigues habrás confirmado la belleza ufana del hombre.

9. Si en el jardín de tu enemigo cantan los niños y el agua, ten por cierto que en la casa de este enemigo brilla la bondad. Ve a buscar ahí la concordia y el anhelo del bien.

10. No te entristezcas por la dicha ajena, ni te alegres por el infortunio de tu rival. Si quieres luz interior, abre tu alma al júbilo, y lleva tu fe al triste.

Club Rotario Internacional
Superación personal

SECRETO 42

ESTRATEGIAS INFALIBLES PARA ALCANZAR TUS METAS

Todos tenemos sueños que nos gustaría hacer realidad, pero a veces no sabemos cómo realizarlos. A continuación comparto contigo cuatro sencillos pasos para alcanzarlos rápidamente, mediante un sistema de estrategias y técnicas que te ayudarán a obtener los resultados que deseas en tu vida.

El siguiente plan es el mismo método utilizado por las personas más exitosas de todos los tiempos. He dedicado muchos años buscando, estudiando y descubriendo las estrategias, técnicas, modos de pensar, hábitos y otros elementos indispensables para obtener el éxito, y hoy los comparto contigo.

Primer paso: decide exactamente lo que quieres y deseas realizar.

La principal razón por la que los seres humanos no tienen éxito es simple: "La mayoría de las personas no saben o no definen lo que realmente quieren". La característica más importante para triunfar en la vida es ésta. Tienes que saber específicamente qué es lo que quieres lograr.

Los triunfadores, en todas las áreas de la vida, han invertido el tiempo necesario para establecer, sin lugar a dudas, cuál es el resultado que ellos esperan obtener; sus resultados son tan específicos que inclusive tienen la fecha exacta en la que van a lograrlos.

Al tener claridad acerca de la meta, las personas de éxito le dan instrucciones precisas a su mente y atraen la energía que requieren para alcanzar sus sueños.

La mente a su vez recibe estas órdenes y se enfoca en la tarea, día y noche, de encontrar la ruta más directa para obtener los deseos más anhelados. Por el contrario, la indecisión es la causa principal de la falta de resultados.

Esto se puede verificar rápidamente cuando le preguntamos a una persona promedio cuáles son sus metas o qué es lo que quiere. Las repuestas son vagas o inexistentes.

Muchos contestan frases como: "Yo no quiero ser pobre, yo no quiero enfermarme, yo no quiero trabajar donde laboro...". En fin, es una letanía de lo que ellos no quieren. Este tipo de respuestas no conducen a la obtención de resultados positivos.

Esto parece algo sin importancia hasta que le hacemos la misma pregunta a alguien que tiene éxito en la vida.

Las personas que han alcanzado el éxito, la mayoría de las veces, son muy diferentes. Ellos están pensando, las 24 horas al día, en las cosas que quieren y cómo alcanzarlas. Estas personas utilizan sus capacidades intelectuales, energía mental, recursos físicos y financieros para enfocarse en las metas que se han propuesto.

Quienes utilizan sus energías para enfocarse hacia dónde van y cómo llegar allí, tienen una ventaja abrumadora. Ellos saben lo que quieren y se concentran con una precisión infalible en sus metas y, por consiguiente, obtienen lo que quieren tarde o temprano.

Nuestra mente es una máquina maravillosa. Ella nos va a ayudar a descubrir las oportunidades y recursos necesarios para obtener las cosas que nosotros le hemos comunicado, de antemano, que son importantes.

La mente es tan poderosa e imaginativa que va a descubrir —y nos va a revelar— la ruta más directa posible para obtener lo que nos proponemos. De esto no hay ninguna duda.

Estadísticamente, sólo 3% de la población tiene metas definidas. No es de extrañar entonces que un pequeño porcentaje de los habitantes de una ciudad disfrute de bienestar financiero y emocional.

Tu habilidad para crear y definir metas específicas es la destreza suprema para conseguir lo que más deseas. Sin metas vas a moverte toda tu vida sin rumbo o dirección. Serás como una barca que flota —sin velas, sin motor y sin timón— víctima de los caprichos del viento.

Pero con metas tú vuelas como una flecha. Te movilizas con dirección y fuerza directamente hacia tu blanco.

El concepto fundamental del éxito es el siguiente: "No importa de dónde vienes, lo importante es adónde vas". Y adónde vas es algo que tú, y sólo tú, puedes determinar. Y tú determinas hacia dónde vas cuando decides con exactitud lo que quieres obtener.

Recuerda, tus habilidades son determinadas únicamente por tu imaginación. Y como tu imaginación es ilimitada, entonces nadie puede detenerte en tu búsqueda y adquisición de bienes tangibles e intangibles. Se dice que el descubrimiento más grande en la historia de la humanidad es el del poder de tu mente para transformar tus pensamientos en su equivalente físico.

Mira a tu alrededor. Todo lo que observas en tu entorno fue, en algún momento, sólo una idea en la cabeza de alguna persona. Desde la silla en la que estás sentado hasta los viajes al espacio. Éstos son ejemplos irrefutables del poder de la mente para transformar una idea en una realidad palpable.

Invierte el tiempo necesario para definir exactamente qué es lo que quieres y los pasos siguientes serán más fáciles.

Segundo paso: ¡actúa hoy!

Todos tenemos deseos. Todos deseamos cosas que nos gustaría ver, escuchar, percibir, experimentar.

¿Ya tienes una meta específica? ¿Ya sabes lo que quieres? ¡Bien! Ahora es el momento de ponerte en movimiento. Nada pasa en esta vida hasta que alguien actúa y ejecuta un tipo de acción.

La diferencia entre las personas que obtienen lo que quieren, y las que sólo se limitan a contemplar los logros y las hazañas de otros, es que las primeras están constantemente en acción para conseguir las cosas y no esperan que éstas les lleguen. Eso es lo que se llama ser proactivo. Otros lo conocen como tener iniciativa.

Acción es el elemento que acelera la obtención de tus metas. Si aprender sobre el éxito fuera el único requisito para obtener el triunfo, entonces tu éxito estaría garantizado. Las librerías están repletas de libros que te enseñan cómo hacer esto y aquello. Todas están llenas de ideas que tú puedes utilizar en el instante en que lo desees.

La realidad, sin embargo, es que este conocimiento es inútil a menos de que puedas motivarte a actuar consistentemente en la dirección de tus metas hasta que obtengas lo que quieres.

Es ahora cuando la autodisciplina te va a ayudar. Autodisciplina es hacer lo que debes hacer, cuando debes hacerlo, te sientas con ganas de hacerlo o no.

Carácter es la habilidad de hacer lo que dijiste que ibas hacer, mucho tiempo después de que el entusiasmo con que lo dijiste desapareció.

Tercer paso: verificar si está funcionando

No importa qué tan activo seas para conseguir el resultado que te propones. Siempre habrá inconvenientes y retos. Siempre habrá imprevistos. Siempre habrá situaciones que nadie puede prevenir. Siempre habrá sorpresas.

Cuando lo imprevisto pase, tienes que ser lo suficientemente flexible como para adaptarte a la nueva situación. Y si es necesario, cambiar el rumbo de lo que estás haciendo.

Una definición de locura es: "Hacer lo mismo, una y otra vez, y esperar un resultado distinto". Si tratas de obtener un resultado y el método que estás utilizando no funciona, tienes que intentarlo de otra manera.

Esto no significa que debes cambiar inmediatamente apenas encuentras el primer obstáculo. Significa que tienes que desarrollar una sensibilidad para darte cuenta de qué es lo que no está funcionando. Tienes que ser flexible para que, sin cambiar tus metas, seas capaz de encontrar una solución al obstáculo que estás enfrentando.

Cuarto paso: persiste hasta que lo logres

En el análisis final, la persona que es más persistente siempre triunfa. Persistencia es disciplina en acción.

En la lucha entre el agua y la roca, el agua siempre gana, no por la fuerza, sino por la persistencia, ésta mueve montañas. Uno de los defectos de carácter más dañinos que tienen las personas sin éxito, es desistir al primer signo de dificultad.

Cuántas veces hemos renunciado a seguir intentando cuando se nos presentan obstáculos que han evitado lo que hubiera sido un éxito rotundo.

Tenemos que adoptar la misma actitud de los niños que, después de gatear, deciden que ellos quieren caminar y no se detienen hasta conseguirlo.

Imagínate que un niño decide dar el primer paso y se cae. Tú crees que él se dice: "Bueno, esto no es para mí, es mejor que me siente y nunca más lo intente". ¡Por supuesto que no!

Él va a seguir intentándolo, una y otra vez, hasta que finalmente lo consiga. No hay que asombrarse entonces porque la mayoría de las personas caminen. Nosotros no nos dimos por vencidos. Seguimos intentándolo, hasta que lo logramos.

Sin embargo, como adultos, entre más años cumplimos, más nos desanimamos frente a los problemas. Cada pequeña piedra parece una montaña de inmensas proporciones.

Lo que hemos aprendido no es decisivo para el futuro, sino la voluntad para intentarlo de nuevo, una y otra vez, hasta que obtenemos nuestro objetivo.

Requieres disciplina para sentarte a pensar detenidamente que es lo que quieres. Requieres disciplina para crear los planes necesarios para obtener tus metas. Requieres disciplina para revisar tus planes. Requieres disciplina para mejorar tus métodos con nueva información. Requieres disciplina para usar tu tiempo productivamente y para concentrarte en la actividad más importante en cada momento.

Tomas Alba Edison dijo: "Cuando yo he decidido el resultado que me gustaría tener trato, una y otra vez, hasta que finalmente obtengo lo que quiero".

Si estás determinado a mejorar tu vida y a obtener el éxito que mereces, sigue estos cuatro pasos y tarde o temprano pertenecerás a ese pequeño grupo de personas que han convertido su vida en una obra maestra. Nada es tan conveniente para la felicidad como sustituir las preocupaciones por las ocupaciones.

La mente es el poder maestro que crea y hace. Y el ser humano es mente. Y, cada vez más, toma la herramienta del pensamiento y al darle forma a lo que quiere, hace surgir un millar de alegrías o un millar de dolores. Piensa en secreto y llega a ocurrir, que el entorno no es más que su espejo.

James Allen

The Varieties of Religious Experience

SECRETO 43

LAS CLAVES SECRETAS PARA TENER ÉXITO

¿Por qué algunas personas parecen vivir de éxito en éxito y otros apenas avanzan en sus vidas? ¿Suerte? ¿Genética? ¿El destino? Reformula tu concepto sobre cómo tener éxito y descubre las cinco áreas principales en las cuales te puedes desarrollar para lograrlo.

A todos nos gustaría tener éxito en la vida. Sin embargo, no todos lo logran. Mientras que algunas personas parecen obtener un éxito tras otro, los demás apenas logran salir adelante.

Tienen ideas, pero nunca las ejecutan. Se fijan metas, pero nunca las logran. Tienen sueños, pero nunca los alcanzan.

Y en algún momento de su vida sucumben ante la idea de que probablemente no tienen las condiciones que se requieren para ser exitosos, como otras personas a su alrededor. Otros no tienen muchas aspiraciones en la vida y se conforman con lo que cuentan el día de hoy. Simplemente no perciben la necesidad, ni la posibilidad de superarse y de lograr más en la vida. Y nunca faltan aquellos que creen que el éxito tiene un ingrediente significativo de suerte y que a ellos no les tocó.

¿Cuál es entonces el secreto para el éxito? ¿Todos pueden ser exitosos o es un destino reservado sólo para unos pocos? ¿Qué diferencia hay entre una persona exitosa y las demás?

En primer lugar, el éxito no es un accidente ni un asunto de suerte. Cuando vemos a una persona exitosa muchas veces desconocemos sus luchas, sus fracasos y el arduo trabajo que la llevó al lugar en el que se encuentra hoy en día. En vez de inventar historias imaginarias sobre sus éxitos, deberíamos tener siempre presente que esa persona ciertamente vivió momentos en los cuales primaron "la sangre, el sudor y las lágrimas" sobre cualquier retribución ya sea monetaria o de otra índole.

La parábola de los talentos

En la parábola de los talentos (Mateo 25:14-30) se cuenta la historia de un señor (Dios) que reparte talentos entre sus siervos (los hombres) y después se va lejos. Después de muchos años vuelve para evaluar el desempeño de sus siervos. Lo interesante es que no reparte la misma cantidad de talentos a todos, los reparte de acuerdo con su capacidad. Uno recibe cinco, otro dos, y otro más sólo un talento. Sin embargo, queda claro que el señor espera que todos multipliquen sus talentos, independientemente del número que hayan recibido. Al final de la historia reconoce el rendimiento de los siervos fieles por igual y se molesta con aquel que no incrementó su talento.

Basado en la Biblia

Podemos aprender mucho de esta historia:

En primer lugar, Dios no ha dejado a nadie con las manos vacías para desarrollarse y mejorar su vida. Todos poseemos al menos un talento con el cual tenemos la gran posibilidad de prosperar.

En segundo lugar, el desarrollo de nuestros talentos no debería ser una opción, sino una responsabilidad. Todos podemos incrementar lo que Dios nos ha entregado, no sólo para beneficio propio, sino para aportar a las personas que nos rodean y dejar un legado al mundo.

En tercer lugar, todos tenemos un propósito en la Tierra, nuestra tarea es identificarlo y comenzar a desarrollarlo mediante el uso de los grandes talentos con los cuales contamos.

Ahora que sabemos que no sólo podemos tener éxito, sino que está en nuestras manos mejorar en todos los aspectos de nuestra vida, vamos a revisar las siguientes cinco áreas principales en las cuales puedes desarrollarte más para multiplicar con éxito los talentos que Dios te ha dado.

Las personas que triunfan se han desarrollado en al menos cinco áreas importantes:

1. Área psicológica

Sin duda es la más importante, ya que la mente es la que decide entre el éxito y el fracaso. Si deseas tener éxito en la vida, tienes que aprender a dominar los pensamientos negativos que a diario invaden tu mente. Si quieres que las cosas cambien en tu vida exterior, primero tienen que cambiar internamente. Tienes que poder visualizarte como una persona de éxito, no de fracaso. Programa tu mente para el éxito y atraerás el éxito.

2. Área fisiológica

Las personas triunfadoras tienen un nivel más alto de energía que los demás. No son necesariamente deportistas, pero saben cuidar su cuerpo para rendir al máximo durante el día. Así logran mantenerse alertas para ver oportunidades que otros pasan por alto. No se cansan ni se quedan dormidos, ya que se preocupan por su alimentación, sus horas de descanso y hacen ejercicio a menudo.

3. Área productiva

Las personas de éxito son más productivas. Para muchos, ser más productivo significa aumentar la cantidad de trabajo. Sin embargo, la mayor productividad de una persona de éxito no radica en que trabajen el doble que los demás, sino que administran sus 24 horas diarias de forma más inteligente. No necesariamente trabajan más horas, pero sí son más eficientes en lo que hacen. Se dedican a administrar y delegar de manera magistral.

4. Área de influencia

Todos tenemos cierto círculo de influencia. Nuestros actos siempre influyen en la vida de otros en mayor o menor medida. Las personas que triunfan están conscientes de que su éxito depende de su capacidad de influir y de persuadir a quienes tienen a su alrededor a favor de sus ideas y proyectos.

5. Sentido de propósito

Como complemento trascendental de todas las áreas anteriores se encuentra un fuerte sentido de propósito, que literalmente impulsa a la persona hacia adelante, de forma continua.

La persona exitosa tiene una visión clara de lo que quiere lograr y por lo general sus aspiraciones van más allá de una retribución meramente económica. Ejecuta su labor diaria con pasión, ya que alberga un gran sueño en su corazón.

Si piensas que para accionar tienes que impulsarte primero un sentimiento, yo te recomiendo lo siguiente: acciona primero, ya que tu comportamiento generará el sentimiento y el pensamiento que faltan para motivarte a llevarlo a cabo.

Si convencemos a nuestra mente de que este universo es monótono y sin sentido, será eso y nada más. Por otra parte, si creemos que el mundo es nuestro, y que el sol y la luna flotan en el cielo para nuestro deleite, habrá gozo, porque el artista en nuestras almas glorificará la creación.

Hellen Keller
Personality

SECRETO 44

EL SECRETO PARA LOGRAR EL AMOR Y LA FELICIDAD

¿Cuál es el secreto para que logres el amor y la felicidad? Si quieres felicidad, brinda felicidad a otros; si quieres amor, aprende a amar a los demás; si quieres atención y aprecio, aprende a dar atención y aprecio; si quieres abundancia material, ayuda a otros a tener abundancia. De hecho, la manera más fácil de obtener lo que quieres es ayudando a otros a obtener lo que ellos quieren. Este principio opera para individuos, corporaciones, sociedades y naciones. Si quieres ser bendecido con todas las cosas buenas en la vida, aprende a bendecir silenciosamente a todos con las cosas buenas en la vida. Hasta pensar en dar, pensar en bendecir, o una simple oración tiene el poder de influir a los demás. El pensamiento tiene el gran poder de la transformación.

Cuando aprendes a dar aquello que buscas, activas y montas la coreografía de la danza con movimientos exquisitos, energéticos y vitales que constituyen el eterno palpitar de la vida. La mejor manera de poner en operación la Ley de dar y poner todo el proceso en circulación es tomar la decisión de que en cualquier momento que entres en contacto con otra persona le darás algo. No tiene que ser algo material; puede ser una flor, un cumplido o una oración, de hecho, las formas más poderosas de dar no son materiales. Los regalos de cuidados, atención, afecto, aprecio y amor son algunos de los obsequios más preciosos que puedes dar, y no cuestan nada.

Cuando conoces a alguien, puedes silenciosamente enviarle una bendición, deseándole felicidad, alegría y dicha. Esta manera de dar silenciosamente es muy poderosa.

Podrías decir: "¿Cómo puedo darles a otros en este momento cuando no tengo suficiente para mí?" Puedes obsequiar una flor. Puedes llevar una tarjeta que diga algo sobre los sentimientos que tienes por esa persona a la que estás visitando. Puedes hacerle un cumplido. Puedes hacerle una oración.

Toma la decisión de dar a dondequiera que vayas, a quien sea que visites o veas. Siempre y cuando estés dando, estarás recibiendo. Entre más das, adquirirás más confianza en los efectos milagrosos de esta ley.

Al recibir más, tu habilidad de dar más también aumentará, creando un círculo virtuoso espiritual para tu vida.

Deepak Chopra
Vida sin condiciones

SECRETO 45

¿CÓMO CONTROLAR LAS EMOCIONES?

En el mundo de los sentimientos está también lo que llamamos "emociones". Éstas ocupan un lugar muy importante en nuestra vida y cuando no nos percatamos de ellas y no sabemos controlarlas pueden surgir problemas.

Las emociones descontroladas no sólo afectan a quienes las experimentan, sino que acaban afectando a las personas que los rodean. Por ejemplo, si es amargura lo que tenemos, amargaremos también a nuestras amistades y seres queridos.

Las emociones son negativas cuando sentimos que no se nos presta la suficiente atención, que no recibimos el amor o afecto que necesitamos o merecemos; además, producen celos, envidias, ira, miedo a quedarnos solos, miedo al rechazo, a que nadie nos quiera... Todo ello es malo, obviamente es mejor que nuestras emociones no sean negativas, y encontrar el modo de vivir en completa armonía.

Por fortuna, también hay emociones sanas y positivas... Éstas hacen que podamos encontrar amor y cariño en la vida; nos inundan esencialmente de ternura, armonía, gozo interior, ecuanimidad para juzgar a los demás, buena predisposición para solucionar cualquier situación que se nos presente en la vida, nos ponen siempre una sonrisa en el rostro y hacen que de nuestra boca salgan palabras alegres que deleitan los corazones de cuantos nos rodean y nos necesitan.

Debemos aprender a vivir en forma positiva, alejando las cosas negativas de nuestra vida, porque si nos dejamos llevar por lo negativo nunca podremos crecer como personas. Debemos intentar desarrollar el poder de la mente para beneficio propio, pero también, y especialmente, para beneficio de los demás. Cuanto mejor estén aquellas personas que nos rodean, mejor estaremos nosotros mismos.

Es bueno saber detenernos y guardar silencio un instante, buscar en nuestro interior lo que necesitamos... y lo que realmente requerimos no son las cosas materiales sino la felicidad, las emociones positivas que alegran y dan sentido a la vida. Por ello es muy importante reconocerlo, saber observar cuál es nuestro estado de ánimo y qué emociones nos están produciendo los problemas diarios. Debemos aprender a canalizar nuestros sentimientos y emociones para que todo sea mejor en nuestra vida y consecuentemente en la vida de los demás.

Debemos controlar esa rabia y esas frustraciones que a veces tenemos, si no somos capaces de ello, o si no nos molestamos siquiera en pensar en eso, podemos ser como un barco sin timón y a la deriva. Damos palos a todos lados porque estamos mal, quienes reciben nuestros palos se ponen igualmente mal, y acabamos hundiéndonos aún más en esas emociones negativas. Debemos tranquilizarnos, pensar en cómo controlar nuestra mente (es algo sencillo, sólo hace falta controlar la nuestra, no la de los demás) para que no nos afecten tanto las cosas. Recuerda que todo lo que sale de tu boca es porque tu corazón lo dice y siente, somos el reflejo de nuestro sentir interior. Y si no tenemos cuidado en ello podemos acabar haciendo daño a alguien que no lo merece, sólo por nuestra amargura y falta de autocontrol.

Desecha las malas actitudes, piensa positivamente. Siempre ocurrirán cosas no muy buenas, la vida es así, pero hay algo positivo en ello, piensa que todo lo malo que te pasa te ayudará a crecer más como persona. Muchas veces no comprendemos el porqué de las cosas y no somos capaces de aceptarlas con buena cara porque nuestro dolor o malestar es mucho, y nos cegamos por ello, pero te aseguro que todo fluirá en ti como agua cristalina el día que aprendas a controlar tus emociones. El hecho es que cuando nos dejamos llevar por la ira u otra emoción negativa, somos incapaces, excepto en muy raros casos, de razonar como lo hacemos habitualmente.

Aprendamos a controlar nuestras emociones y seamos personas de bien, así ayudaremos a que todos sean mejores. Tómate un tiempo para mirar en tu interior y calmar tu mente. Recuerda: "Decide ser feliz pase lo que pase, todo depende de ti".

Daniel Goleman

Trabajando con inteligencia emocional

SECRETO 46

ESTRATEGIAS PARA MEJORAR EL CONTROL EMOCIONAL: I

El empleo adecuado de las siguientes estrategias te ayudará a mejorar tu control emocional, la calidad de tus relaciones y, por lo tanto, la calidad de tu vida. Selecciona las que te puedan ayudar a ser mejor y realízalas tan pronto como te sea posible.

✓ Piensa en las cosas positivas que te rodean y cuenta tus dones. Agradece por escrito por lo que tienes en la vida.

✓ No olvides el viejo refrán: "El que se enoja pierde", cada vez que sientas enojo, aléjate del detonante, camina cinco minutos y respira aire fresco, o haz algo que te tranquilice.

✓ Aléjate de personas y lugares que no te permitan ser mejor.

✓ Expresa tu capacidad de asombro y muestra tu afecto cada vez que se presente la ocasión.

✓ Respira diez veces profundamente, esto te ayudará a disminuir tus niveles de enojo.

✓ Vive el presente. Sé consciente y disfruta de lo que te rodea cada momento.

✓ Planea hoy el trabajo de mañana. Planea tu día, pero siempre deja un buen espacio para cualquier imprevisto, siendo consciente de que no todo depende de ti. Mantén todas tus cosas al día, arregladas y ordenadas.

✓ Visualiza un semáforo en rojo en tu mente, o bien, colócate una liga en la muñeca y estírala cada vez que sientas que te estás poniendo verde.

✓ Tómate algunos minutos para reflexionar sobre el asunto y pregúntate si vale la pena perder el control.

✓ Asume tu responsabilidad, recuerda que nadie puede hacerte enojar sin tu consentimiento, es tu decisión enojarte o no. Recuerda que el enojo es un mensajero, así que pregúntate que es lo te molesta en realidad y trabaja para mejorar la situación.

✓ Mantén el buen humor y el enfoque positivo, habla con voz moderada aun en los momentos más difíciles. Recuerda que con las explosiones de ira no se consigue nada, más que contagiar a las personas que te rodean de la misma emoción.

✓ Trata a tu familia y a todas las personas que te rodean con amor y respeto.

✓ Practica la empatía. Trata de ver las cosas desde el punto de vista de los demás.

✓ Despréndete de lo que no usas. Elimina todo lo que no sea útil, hermoso o radiante. Elimina aquello que te "robe energía", o bien, que te cause estrés.

✓ Lee un libro de superación personal siempre.

✓ Si la preocupación viene a ti, haz lo opuesto para reemplazarla, ocupándote en algo productivo, como ayudar a alguien, o bien, realizar algo que te guste.

✓ Encuentra un modelo o un ejemplo a seguir para mejorar tu desempeño emocional. Cuando se presente la oportunidad, actúa tal y como se comportaría el modelo seleccionado.

- ✓ Expresa tus emociones por escrito, describiendo aquello que te preocupa y las probables soluciones a tus problemas. Pregúntate: Vale la pena… ¿gastar tanta energía emocional en esta persona o situación?, ¿arriesgar mi salud?, ¿poner en riesgo mi tranquilidad y dignidad?

- ✓ Pide ayuda a por lo menos a cinco personas, cada vez que tengas un problema.

SECRETO 47

ACTÚA DE MANERA POSITIVA

"No quemes pólvora en infiernitos", dice un sabio refrán popular mexicano, y se refiere a que no debemos derrochar nuestros recursos como energía, tiempo o pensamientos en actividades de las cuales no obtendremos nada a cambio. La vida siempre nos da la oportunidad de elegir las situaciones en las que nos podemos enfocar, de nosotros depende escoger las cosas que realmente nos importan, las cuales nos van a ayudar a estar cada día más cerca de los objetivos o metas que tenemos como personas.

A veces estaremos involucrados en discusiones o pleitos por defender nuestro punto de vista para obtener algún resultado que mejore nuestra situación actual; sin embargo, tener discusiones o pelear por cuestiones de las que no obtendremos beneficio alguno, no vale la pena, ya que es una manera de frustrar nuestra vida, desperdiciando un tiempo valioso.

En la vida las cosas raramente ocurren justo como esperamos que sucedan. De igual forma, siempre habrá personas que piensen y actúen diferente a nosotros, por ello, en lugar de crear conflictos debemos siempre procurar actuar de una manera positiva, teniendo como expectativa obtener beneficios mutuos de nuestra relación.

Si queremos conseguir grandes aportaciones como resultado de las relaciones que tenemos, debemos enfocarnos en dar lo mejor de nosotros, evitando cualquier situación o conflicto que no nos aporte nada favorable.

SECRETO 48

ESTRATEGIAS PARA MEJORAR EL CONTROL EMOCIONAL: II

El empleo adecuado de las siguientes estrategias te ayudará a mejorar tu control emocional, la calidad de tus relaciones y, por lo tanto, la calidad de tu vida. Selecciona las que te puedan ayudar a ser mejor y realízalas tan pronto como te sea posible.

✓ Reduce el tiempo para ver televisión o hacer actividades que roban tu tiempo y empléalo para desarrollar tus grandes proyectos personales o profesionales, o bien, para estar en contacto con personas que te aporten ideas positivas.

✓ Presta atención a tus sueños y escríbelos en un cuaderno especial.

✓ Elabora tarjetas con tus objetivos personales y llévalas a todas partes.

✓ Practica la relajación, la reflexión o la meditación diariamente.

✓ Presta atención a los aspectos positivos de las personas y situaciones que te rodean. Sonríe y sé cortés. A todos nos gusta la gente positiva.

✓ Encuentra lo bueno de las personas.

✓ Ámate, valórate y acéptate tal y como eres.

- ✓ Aprende a perdonar, incluyéndote a ti mismo y a las personas que te rodean.
- ✓ Escucha la voz de tu corazón y toma tiempo para ayudar a las demás personas.
- ✓ Rodéate de buenas compañías, de gente positiva y dinámica.
- ✓ Haz un trabajo que ames, o bien, ama el trabajo que haces.
- ✓ Realiza actividades que te hagan sentir bien, más a menudo.
- ✓ Envía mensajes o comunícate con tus seres queridos con mayor frecuencia.
- ✓ Únete a un club, comunidad o sociedad, que sea de tu interés.
- ✓ Haz una pausa de cinco a diez minutos por cada dos horas de trabajo.
- ✓ Aprende a decir no, sin sentirte culpable, o creer que lastimas a alguien, ya que querer agradar a todos es un enorme desgaste de energía.
- ✓ Concéntrate en una tarea a la vez y trata de concluirla.
- ✓ Evita envolverte en ansiedades, problemas y conflictos que no te corresponden.
- ✓ Comprende que los principios y convicciones inflexibles pueden ser un gran obstáculo para tu mejora y crecimiento personal.
- ✓ Encuentra a alguien a quien le puedas confiar y hablar de tus problemas, de forma abierta, directa e inmediata. Y por favor: ¡Háblale! Expresar tus sentimientos es una gran terapia.
- ✓ No quieras saber si hablaron mal de ti, ni te atormentes por ello. Escucha lo que hablaron bien de ti, con reserva analítica y sin creértelo todo.
- ✓ Recuerda que competir en momentos de diversión, trabajo y con tu pareja, es ideal para quien quiere quedar cansado o perderse la mejor parte de la vida.

- ✓ Nunca olvides que la rigidez es buena para las piedras, pero no para los seres humanos; sé flexible y aprende a ceder, ésta es a veces la mejor forma de ganar o conseguir algo importante. Sé abierto y accesible. La próxima persona que conozcas quizá llegue a ser tu mejor amigo, o bien, el amor de tu vida.
- ✓ No abandones a tus tres grandes e invaluables amigas: intuición, inocencia y fe.
- ✓ Elimina de tu vida todos los números que no son esenciales. Esto incluye: edad, peso y altura. Deja que tu médico se preocupe por ellos.

La historia de un joven con mal carácter

Había una vez un joven a quien su padre le dio una bolsa de clavos y le dijo que cada vez que perdiera la paciencia, debería clavar un clavo detrás de la puerta.

El primer día, el muchacho clavó 37 clavos detrás de la puerta.

Las semanas que siguieron, a medida que él aprendió a controlar su genio, clavaba cada vez menos clavos detrás de la puerta. Descubrió que era más fácil controlar su genio que clavar clavos detrás de la puerta.

Llegó el día en que pudo controlar su carácter durante todo el día.

Después de informar a su padre, éste le sugirió que retirara un clavo cada día que lograra controlar su carácter.

Los días pasaron y el joven pudo finalmente anunciar a su padre que no quedaban más clavos para retirar de la puerta.

Su padre lo tomó de la mano y lo llevó hasta la puerta.

Le dijo: "Has trabajado duro, hijo mío, pero mira todos esos hoyos en la puerta. Nunca más será la misma. Cada vez que tú pierdes la paciencia, dejas cicatrices exactamente como las que aquí ves".

Tú puedes insultar a alguien y retirar lo dicho, pero el modo como se lo digas lo afectará, y la cicatriz perdurará para siempre. Una ofensa verbal es tan dañina como una física. Los amigos son joyas preciosas, nos hacen reír y nos animan a seguir adelante. Nos escuchan con atención y siempre están dispuestos a abrirnos su corazón, por favor, cuídalos, trátalos bien y ámalos como a ti mismo.

La mente tiene su propia función, y ella puede hacer del infierno un cielo, o del cielo un infierno. La elección depende sólo de ti.

John Milton

El poder de la empatía

SECRETO 49

PARA SER MÁS EFICACES

Muchas personas tenemos el mal hábito de hablar con alguien cuando nuestra mente está en otro lugar, o acostumbramos realizar más de una actividad al mismo tiempo.

Cuando hacemos demasiadas cosas a la vez, es imposible estar enfocados en el presente, y lo peor de todo, nos perdemos la oportunidad de disfrutar las cosas, haciéndonos menos efectivos y menos enfocados, lo cual casi siempre redunda en la realización de tareas de manera equivocada. Sin embargo, cuando concentramos y enfocamos todos nuestros talentos en realizar sólo una actividad a la vez, nuestro desempeño mejora increíblemente, y disfrutamos de cada tarea que hacemos.

Cuando nos enfocamos en realizar sólo una cosa a la vez, en lugar de estar distraídos pensando en algo diferente, nos damos la oportunidad de comprometernos con dicha actividad, lográndola en un tiempo óptimo y gozando con su realización.

Si queremos ser más eficaces, y al mismo tiempo disfrutar de las tareas y roles que desempeñamos en nuestra vida, tenemos que decidirnos a realizar sólo una actividad a la vez.

Cuando ordenas tu mente, controlas al mundo.
Cuando seleccionas tus pensamientos, eliges los resultados.
Aquel que conquista a otros es fuerte.
El que se conquista a sí mismo es realmente poderoso.

Pável Iván

SECRETO 50

ESTRATEGIAS PARA MEJORAR EL CONTROL EMOCIONAL: III

El empleo adecuado de las siguientes estrategias te ayudará a mejorar tu control emocional, la calidad de tus relaciones y, por lo tanto, la calidad de tu vida. Selecciona las que te puedan ayudar a ser mejor y realízalas tan pronto como te sea posible.

✓ Rodéate de amistades alegres. Los gruñones te bajan el ánimo y te roban mucha energía.

✓ Intenta aprender cosas nuevas. Aprende más sobre música, computadoras, teatro, jardinería, cine, etcétera.

✓ Nunca permitas que tu cerebro sea holgazán. Un cerebro holgazán es la morada del demonio. Y el nombre de ese demonio es Alzheimer.

✓ Recuerda divertirte y sonreír más a menudo. Disfruta de las cosas simples. Ríe diariamente, más fuerte y por más tiempo. Ríe hasta que te quedes sin aire.

✓ No olvides que las lágrimas son formas sanas y naturales de expresión. Cuando sea necesario, no te reprimas, súfrelo, laméntalo, exprésalo y luego sigue adelante.

✓ La única persona que estará contigo toda la vida, eres tú mismo. Disfruta mientras tengas vida.

✓ Rodéate de todo lo que amas, ya sea familia, mascotas, música, plantas, pasatiempos, lo que sea. Haz de tu casa el lugar más placentero que conozcas.

- ✓ Celebra y disfruta de tu salud: si es buena, mantenla así. Si es inestable, mejórala. Si no está en tus manos mejorarla, busca ayuda.
- ✓ No te envuelvas en un viaje de culpabilidad. Mejor tómate un viaje a otro país, al centro comercial o a otro pueblo cercano, pero no adonde te lleve la culpa.
- ✓ A las personas que amas, díselo en cada oportunidad que tengas. Siempre recuerda que: "La vida no se mide por los descansos que tomamos, sino por los momentos que te roban el aliento. Vive y sé feliz".
- ✓ No te enojes con facilidad y no des importancia a pequeñeces. Cuando nos irritamos, envenenamos nuestro cuerpo y nuestra mente. Procura convivir con serenidad y cuando tengas ganas de explotar, cuenta hasta diez. Respira profundamente por varios segundos. Esto calma la mente.
- ✓ Vive siempre el presente. Aprovecha el aquí y ahora. Nada se repite, todo pasa. Haz que tu día valga la pena.
- ✓ No pierdas tiempo en lamentaciones y preocupaciones, pues sólo traen enfermedad. La vida es demasiada corta para perder el tiempo quejándose de todo.
- ✓ El agua purifica. Siempre que puedas viaja a la playa, a un río o cascada. En casa, cuando estés bajo la ducha, con los ojos cerrados, imagina que tu cansancio físico y mental y toda la carga negativa está siendo eliminada por el agua.
- ✓ Camina descalzo cuando puedas, en tierra de preferencia. En casa, masajea tus pies con una crema después de un largo día de trabajo. Remójalos en agua tibia. Agrega un poco de sal para aliviar.
- ✓ Mantente en contacto con la naturaleza; ten en casa una maceta con plantas por lo menos. Cuídala con cariño. El amor que dedicamos a las plantas y animales calma al ser humano y funciona como relajante natural.

SECRETO 51

PARA OBTENER LA PAZ INTERIOR

Durante los años que he vivido nunca he conocido a una persona que, además de ser perfeccionista, viva tranquilamente, ya que por lo regular la necesidad de buscar la perfección de manera constante, nos impide tener una tranquilidad interna.

Buscar la perfección es enfrascarnos en una batalla perdida, por ello, nunca debemos preocuparnos por alcanzarla, es preferible preocuparnos por dar lo mejor de nosotros, y dejar lo demás en las manos de nuestro amigo Dios, ya que brindar lo mejor es una forma de agradecer por lo que ya tenemos y es la manera de lograr lo que buscamos, mediante un enfoque positivo en el camino que nos llevará a lograr nuestra plenitud como seres humanos.

Todo en la vida puede ser mejorado, pero el secreto para disfrutar y apreciar las cosas que tenemos radica en identificar las situaciones que realmente necesitamos transformar para mejorar como personas, y entender que nada es perfecto y que lo importante es dar lo mejor de nosotros para obtener siempre óptimos resultados.

Es probable que muchas veces tratemos de mejorar todo lo que se encuentra a nuestro alrededor, la clave está en siempre recordar que ninguna cosa, situación o persona es perfecta, ya que la perfección simple y sencillamente no existe, es preferible disfrutar y saborear todos los instantes mágicos que la vida nos ofrece.

SECRETO 52

ESTRATEGIAS PARA MEJORAR EL CONTROL EMOCIONAL: IV

El empleo adecuado de las siguientes estrategias te ayudará a mejorar tu control emocional, la calidad de tus relaciones y, por lo tanto, la calidad de tu vida. Selecciona las que te puedan ayudar a ser mejor y realízalas tan pronto como te sea posible.

✓ Escucha música que te haga cantar, bailar y relajarte. Sea cual sea tu estilo preferido, la vibración de una canción tiene el poder de hacernos sentir vivos, aflorando nuestra emoción y abriendo nuestro canal con alegría.

✓ No dejes que la "melancolía" te abrume, que la rutina te atrape, que el miedo te impida intentarlo.

✓ Libérate. Siempre que puedas líbrate de la rutina y toma otro camino, aunque sea por un día. Conoce nuevos lugares y nuevas personas. Toma más riesgos y sé excéntrico ahora. No esperes a ser viejo para usar el morado. Recuerda que nunca se logró algo importante sin antes haber corrido el riesgo. No vivas con los frenos puestos.

✓ Tu trabajo no te cuidará cuando estés enfermo. Tus amigos y tu familia sí.

✓ Mantente en contacto con tus seres queridos. Ponte de acuerdo y ve a desayunar con esa amistad un tanto alejada.

- ✓ No pierdas el tiempo afligiéndote por errores pasados, mejor aprende de ellos y sigue adelante. Haz las paces con tu pasado para que no arruine tu presente.
- ✓ No compares tu vida con la de otros. No tienes idea de lo que trata su travesía, ni de los obstáculos que han tenido que enfrentar en su camino.
- ✓ Recuerda que todo puede cambiar en un parpadear de ojos. Pero no te preocupes, Dios nunca parpadea. Jamás pierdas la fe.
- ✓ No olvides que nunca es demasiado tarde para tener una niñez feliz. Pero la felicidad depende de ti y de nadie más. Recuerda que nadie está a cargo de tu felicidad, más que tú mismo.
- ✓ Cuando se trata de perseguir aquello que amas en la vida, no aceptes un "no" por respuesta. No importa cómo te sientas... párate, arréglate y hazlo.
- ✓ Enciende las velitas, utiliza las sábanas bonitas, ponte la ropa que más te agrade. No la guardes para una ocasión especial... Hoy es especial.
- ✓ Enmarca todo lo llamado "desastre" con estas palabras: "En cinco años... ¿esto realmente importará?"
- ✓ Acepta a los demás tal y como son. Quiere a las personas que te rodean por lo que son, no por lo que quisieras que fueran. Permite algunas imperfecciones de tus amigos, del mismo modo que lo haces con las tuyas.
- ✓ El tiempo sana casi todo. Dale tiempo al tiempo. Por más buena o mala que sea una situación, algún día cambiará.
- ✓ No te tomes todo tan en serio. Nadie más lo hace y no pasa nada. Emplea tus emociones y sentimientos de manera positiva e inteligente.
- ✓ Cree en los milagros y en el poder que tienes para crearlos. Sal todos los días con entusiasmo. Los milagros están esperando en cualquier parte.

- ✓ No audites o cuestiones la vida. Simplemente aprovéchala al máximo hoy.
- ✓ Si todos apiláramos nuestros problemas y viéramos los montones de los demás, rápido arrebataríamos de regreso los nuestros.

SECRETO 53

PARA CONTRIBUIR A LA PAZ

Propuesta 1. No esperes a que el mundo se adapte a ti. Mírate en el espejo. Cambia lo que te disgusta de tu propia persona. No te empeñes en cambiar a los demás, siempre será más sencillo cambiar uno mismo.

Propuesta 2. Busca en tus semejantes ayuda, consejos, ideas y fuerza. No seas demasiado orgulloso para pedir ayuda. Agradece los favores que te hacen.

Propuesta 3. Mejora tu capacidad de juicio y no seas impulsivo. Contempla a las personas y a las cosas con objetividad y comprensión, antes de formarte una opinión sobre ellas.

Propuesta 4. Evita la terquedad y los prejuicios. No trates de imponer a otros tus opiniones intransigentes y reaccionarias sobre religión, política, alimentación o medicina. Resiste a la tentación de aferrarte a tu opinión, una vez expresada.

Propuesta 5. Sé siempre tolerante y acepta la diversidad.

Propuesta 6. Evita todo aquello que te pueda ocasionar disputas. Presta atención a la luz roja que te indica que es mejor no llevar adelante la conversación.

Propuesta 7. Puedes hablar sobre las cosas, si hablas de las personas, que sea siempre para bien, a fin de evitar en la conversación los inconvenientes de la difamación y calumnias.

Propuesta 8. No hieras a otras personas con observaciones y comparaciones despectivas.

Propuesta 9. Respeta los sentimientos de los demás. Educa tu instinto para conocer lo que les gusta y lo que les disgusta, con la finalidad de ser siempre asertivo con las personas que te rodean.

Propuesta 10. No exteriorices nunca tu aburrimiento. Si el ambiente no es de tu total agrado, busca un pretexto para despedirte cortésmente.

Consejos oportunos

La vida empieza a tener sentido cuando ayudas a otro a ponerse de pie y a caminar. Cuando respiras llenando tus pulmones de aire y notas que no estás solo a pesar de estar en el desierto.

Cuando miras al cielo y ves las estrellas que dominan el firmamento, comprendes que no estás solo, comprendes que la vida es mucho más que el palpitar de tu corazón.

La vida tiene sentido cuando caminas, cuando evolucionas, y cuando dejas atrás la amargura. Cuando tras de ti has dejado alegrías, cuando has dejado amigos y hermanos, cuando has dejado un grato recuerdo y una sonrisa en todo aquel que te ha conocido, es cuando la vida tiene sentido. Si tras de ti has dejado odio, éstas serán las raíces que darán en el futuro frutos amargos para tus próximas generaciones; si la planta que crece tiene raíces de amor, los frutos serán dulces y serán tu alimento en el andar de cada día.

Apoya tu mano sobre el hombro de aquellos que andan contigo, porque si te sientes débil ellos te protegerán, y si te sientes fuerte andarás más de prisa.

No te ates a las alabanzas. El que te quiere no siempre te alaba. Sabrás quién es el que te quiere cuando te veas reflejado en él. Busca tu gloria en la gloria de los demás, y los demás buscarán su gloria en ti. Si hablas a los demás, que tu palabra sea limpia.

Usa todo lo que la naturaleza pone a tu alcance. No malgastes tu tiempo. Tienes muy poco; justo el que estás disfrutando ahora. Trata de conocerte. No te mal utilices, conságrate a un gran propósito. Busca dentro de ti la solución a tus problemas.

No culpes a los demás de tus errores. Sé tu propio juez; pero un juez justo. Si andas por el bosque ten cuidado, porque habrá ramas bajas, te puedes golpear contra ellas. No es necesario que las cortes, sólo agáchate un poco para volver a levantarte de inmediato, la rama quedará frustrada, en su intento de dañarte.

No pronuncies la palabra ¡imposible!, porque todo es posible dentro de ti si actúas positivamente, si actúas negativamente, poco a poco te irás hundiendo; conseguirás tal vez logros parciales, inmediatos, pero te estarás hundiendo. Si actúas positivamente, quizás los logros sean más a largo plazo, pero te estarás elevando.

Sólo pasa hambre el que no sabe que tiene dos manos y una mente poderosa. Si alimentas tu cuerpo para que te sirva, debes también alimentar tu alma, para que también te sirva. Un alma poco alimentada es un alma débil, sin fuerza. Un alma bien alimentada es un alma que genera energía, que contagia, que anima. Cuida muy bien aquellas cosas que influyen en la evolución de tu alma.

Nunca hables con miedo, porque las palabras se volverán contra ti. Si tienes miedo no hables, porque el miedo es también contagioso. Habla mirando a los ojos, transmite la fuerza de tu mirada y el amor de tu espíritu. Si quieres saber cómo es Dios, observa a un ave volar, mira a un niño jugar, ve crecer una flor, observa a los astros moverse, y verás que en ellos se expresa la perfección.

Nuestros mejores amigos y nuestros peores enemigos son nuestros pensamientos.

Dr. Frank Crane
Creating a Success Environment

SECRETO 54

ESTRATEGIAS PARA MEJORAR EL CONTROL EMOCIONAL: V

El empleo adecuado de las siguientes estrategias te ayudará a mejorar tu control emocional, la calidad de tus relaciones y, por lo tanto, la calidad de tu vida. Selecciona las que te puedan ayudar a ser mejor y realízalas tan pronto como te sea posible.

- ✓ La envidia es una pérdida de tiempo. Tú ya tienes todo lo que necesitas para salir adelante, elige utilizar tus dones y talentos de manera constructiva. Lo mejor está aún por llegar.
- ✓ Nunca digas a alguien que parece cansado o deprimido, mejor levántale el ánimo.
- ✓ Date tiempo para descansar y diviértete. Viaja. Visita lugares nuevos, pero recuerda llevar siempre la mente despierta.
- ✓ Aprende a mostrar alegría, aun cuando no estés de humor. Aprende a mostrar entusiasmo, aun cuando no lo sientas. Y sin importar lo candente de una situación, mantente sereno.
- ✓ La preocupación es una almohada dura. Cuando algo te inquiete, antes de dormir, anota tres cosas que puedas hacer al día siguiente para ayudarte a resolver el problema.
- ✓ Para luchar contra la depresión, intenta hacer ejercicio.

✓ Sé un ejemplo a seguir para tus compañeros de trabajo. Alguien siempre pensará en ti como motivo de ejemplo. No lo defraudes. Sé entusiasta con tus expresiones de gratitud y afecto.

✓ Establece metas claras e importantes. Sé feliz con lo que tienes, mientras trabajas para obtener lo que quieres.

✓ Pasa más tiempo con personas positivas y con suerte.

✓ Sé nuevamente un niño. Emplea 15 minutos para jugar. Visita una juguetería y adquiere algo que prometa ser divertido.

✓ Lee libros clásicos 15 minutos al día. Si lees los problemas de las novelas de Dickens, los tuyos te parecerán dificultades insignificantes al compararlos.

✓ Cambia algo acerca de ti. Elabora una lista de actividades en las cuales puedas mejorar. Haz un listado de tus fortalezas y aplícalas.

✓ Realiza algo pequeño que has venido evitando: Encera tus zapatos, cambia de peinado; limpia tu escritorio; lleva tu automóvil a servicio o a lavado de tapicería.

✓ Ponte en contacto con tu lado espiritual. Meditación, rezos o simplemente un momento de quietud en contacto con la naturaleza puede ser útil para sentirte equilibrado y confiado en cuanto a la vida. Relájate. Trata de cultivar una técnica de relajación progresiva. Desvanece toda la energía negativa acumulada.

✓ No magnifiques las cosas pequeñas. Relájate. Con excepción de los asuntos de vida o muerte, nada es tan importante como parece inicialmente. No confundas meros inconvenientes con problemas reales. Recuerda que casi todo se ve mejor después de haber dormido bien una noche.

✓ Procura subir el ánimo de la gente, no bajarlo. Trata a los demás como quisieras ser tratado. Recuerda que todas las personas que te conocen tienen una señal invisible: "Fíjate en mí.

Hazme sentir importante". Invierte tu tiempo y energía en crear, no en criticar. Usa el doble de tiempo en hacer cumplidos del que empleas para criticar. Alaba en público y critica en privado. Sé consciente de la diferencia entre análisis amigable y crítica destructiva. Observa si el propósito de tus palabras es ayudar, desahogarte o hacer daño.

✓ Ríe mucho. Un buen sentido del humor cura casi todas las enfermedades de la vida. Contesta el teléfono con un tono de voz alegre y entusiasta.

✓ Da a las personas más de lo que esperan y hazlo con alegría. Observa tu actitud, es lo primero que los demás notan en ti. Nunca subestimes el poder de una palabra o de una acción amable.

✓ Deja de culpar a los demás. Asume tu responsabilidad por cada aspecto de tu vida. El verdadero líder sabe reconocer sus errores y aceptar su responsabilidad.

✓ No pierdas tu tiempo quejándote y discutiendo. Utiliza mejor este tiempo para planear y mejorar la situación por medio de la acción. Mantente fresco cuando otros estén furiosos y pierdan la cabeza. Tú tienes el control sobre tus emociones, no lo pierdas. No se trata de no demostrar tu molestia, sino de hacerlo mesuradamente, sin después arrepentirte de una acción cometida en un momento de descontrol.

✓ Recuerda que cada discusión tiene al menos tres puntos de vista: el tuyo, el del otro y el de los demás, quienes probablemente están más cerca de la objetividad. Siendo más versátil y viendo las cosas desde la perspectiva de los demás enriquecerás tu propio punto de vista.

✓ Espera a calmarte antes de hablar. Ten en cuenta que la relación es más importante que la discusión. Dale más relevancia a las personas que a las opiniones o a las cosas.

- ✓ Trata a toda persona con la cual tengas contacto como si fuera un pariente rico, de quien esperas ser incluido en su testamento, o bien, como si fuera tu mejor cliente. No te arrepientas de tratar bien a la gente. Es el mejor negocio en todos los sentidos.

- ✓ Busca el lado positivo y agradable, aun de las situaciones más complicadas y dolorosas. Es una disciplina que te ayudará a superar fácilmente los momentos difíciles, y a convertir los problemas en oportunidades.

- ✓ No hagas o digas nada que pueda herir o hacerle daño a otra persona. Recuerda el proverbio que dice que todo lo que uno haga, se devolverá. La gente no recuerda tanto lo que dices o haces, sino la intención con la que lo haces. Ten presente que si toleras a los demás, ellos también serán pacientes contigo en los aspectos menos gratos de tu personalidad.

El desarrollo del Control Emocional es una disciplina que, ejercitada con constancia, te dará el poder de cambiar tu entorno y, por consiguiente, tu vida. A veces, las tensiones y el ajetreo diarios nos impiden vernos tal y como somos, y ver a los demás como realmente son. Durante estos días deberíamos estar más atentos y no juzgar a los otros ni a nosotros, pues nuestro entorno se mueve y no refleja siempre la verdad de lo que somos. Dios quiere que siempre te encuentres en tu vida con muchos instantes de amor, paz y felicidad.

La más bella oración

Dios, dame el día de hoy fe para seguir adelante.
Dame grandeza de espíritu para perdonar.
Dame paciencia para comprender y esperar.
Dame voluntad para no caer.
Dame fuerza para levantarme si caído estoy.
Dame amor para dar.
Dame lo que necesito para ser feliz.
Dame elocuencia para decir lo que debo expresar.
Haz que yo sea el mejor ejemplo para mis seres queridos.
Haz que yo sea el mejor amigo de mis amigos.
Haz de mí un instrumento de tu voluntad.
Hazme fuerte para superar los golpes que me da la vida.
Déjame saber qué es lo que tú quieres de mí.
Déjame tu paz para que la comparta con quien no la tenga.
Por último, camina conmigo y déjame saber que así es.

Madre Teresa de Calcuta
A Simple Path

SECRETO 55

CONSERVA EL ENTUSIASMO

Cuando nos sentimos enojados, respirar profundamente y hacer una pausa son los primeros pasos que tenemos que dar para tranquilizarnos. Si te encuentras muy enojado, cuenta en tu mente hasta 10, si continúas en el mismo estado de ánimo, sigue contando hasta 20 en un sitio alejado del escenario en el que estabas en el momento del enojo.

Este pequeño ejercicio de meditación nos dará la oportunidad de aclarar nuestra mente, ya que la combinación de la respiración profunda y el conteo relajado nos proporcionan un estado de tranquilidad, que es prácticamente imposible recordar el estado de enojo en el que estábamos. Este ejercicio tiene casi la misma efectividad si lo aplicamos cuando nos sentimos frustrados o estresados, y nos permite tomar y resolver la situación por la que estamos atravesando en completa calma.

La respiración profunda combinada con el conteo pausado son excelentes para proporcionarnos un nivel de tranquilidad óptimo, y nos permiten relajarnos para disfrutar de cada instante mágico que la vida nos ofrece.

Debemos aprender a evitar las prisas, el ajetreo y la tensión durante cada jornada, ésta es la mejor manera de descubrir que la paciencia y el tiempo resolverán nuestros problemas, la mayoría de los cuales no tendrán importancia dentro de 10,000 o 20,000 años. Desafortunadamente, nosotros no estaremos ahí para comprobar lo insignificante que son las cosas que hoy perturban nuestra vida.

Tenemos que conservar el entusiasmo en cada tarea que emprendamos, darnos palabras de aliento a cada instante y recordar que en alguna etapa de nuestra vida hemos tocado fondo y hemos sobrevivido ante la adversidad. Esta reflexión siempre nos hará ver lo simple que son los problemas cotidianos y el esfuerzo inútil que a veces hacemos al preocuparnos por ellos.

Llevar hoy la carga del mañana, unida a la del ayer, hace vacilar al más vigoroso. ¿Por qué intentarlo siquiera? Cuando nuestra vida atraviese por situaciones difíciles debemos emplear toda la fuerza, pasión e intensidad para salir adelante, de manera tranquila e inteligente, pidiéndole siempre a Dios que ilumine nuestro camino por esta maravillosa aventura llamada vida, recibir sus bendiciones y darnos la oportunidad de disfrutar los placeres que nos brinda este paraíso terrenal.

Expresa lo que sientes

Siempre di lo que sientes y haz lo que piensas.

Si supiera que hoy fuera la última vez que te voy a ver dormir, te abrazaría fuertemente y rezaría al Señor para poder ser el guardián de tu alma.

Si supiera que ésta fuera la última vez que te vea salir por la puerta, te daría un abrazo, un beso y te llamaría de nuevo para darte más.

Si supiera que ésta fuera la última vez que voy a oír tu voz, grabaría cada una de tus palabras para poder oírlas una y otra vez indefinidamente.

Si supiera que éstos son los últimos minutos que te veo, diría te quiero y no asumiría, tontamente, que ya lo sabes.

Siempre hay un mañana y la vida nos da otra oportunidad para hacer las cosas bien, pero por si me equivoco y hoy es todo lo que nos queda, me gustaría decirte cuánto te quiero y que nunca te olvidaré.

El mañana no le está asegurado a nadie, joven o viejo. Hoy puede ser la última vez que veas a los que amas.

Por eso no esperes más, hazlo hoy, ya que si el mañana no llega, seguramente lamentarás que no tomaste tiempo para dar un sonrisa, un abrazo, un beso, y que estuviste "muy ocupado" para concederle a alguien un último deseo.

Mantén a los que amas cerca de ti, diles al oído lo mucho que los necesitas, quiérelos y trátalos bien, toma tiempo para decirles "lo siento", "perdóname", "por favor", "gracias" y todas las palabras de amor que conoces.

Nadie te recordará por tus pensamientos secretos,
sólo por aquellos que expresaste a tus seres queridos.
Pide al Señor la fuerza, la valentía y la sabiduría
para hacer que las cosas sucedan.

Pável Iván

SECRETO 56

FE Y ESPERANZA

Cuando conseguimos algo en lo que teníamos mucha fe y esperanza experimentamos una gran alegría. La fe y la esperanza eslabonan la mente consciente del ser humano y la inteligencia infinita, así surgen las riquezas de la vida, dando poder y acción creadora a los impulsos del pensamiento. De esta manera, las energías corrientes del pensamiento transitan hacia sus equivalentes espirituales, siendo la única forma como los hombres captan la fuerza cósmica de la inteligencia infinita.

Cualquier persona que desconozca el arte de compartir su fe y esperanza, aún no se encuentra en el camino de la verdadera felicidad, pues ésta consiste en compartir con los demás un poco de nuestras bendiciones. Todo lo que compartas con la gente que te rodea será multiplicado. Por eso mismo, este acto determina el lugar que ocupamos en el corazón de las personas. Recordemos que cualquier bien, ya sea material o espiritual, que no es compartido, se marchita y finalmente muere, debido a que una de las primeras leyes de la naturaleza consiste en la inacción y el desuso, originando el debilitamiento y la muerte lenta de las posesiones materiales, así como las células vivientes del organismo y la pérdida de energía de la mente.

¿Cómo aumentar la probabilidad de éxito? La respuesta es sencilla: teniendo fe y esperanza en la ocupación que más nos agrade y en la que logremos expresar nuestra personalidad en el más alto nivel, ejerciendo nuestras aptitudes y aplicando nuestros talentos en algo productivo.

¿Cuál es la característica principal de las personas que triunfan? Sólo hay una respuesta: la perseverancia. Muchos hombres destacados pueden tener inteligencia y aptitud mediana, pero tienen voluntad de utilizar su tiempo para llevar a cabo un trabajo, para luchar con fe y esperanza contra las adversidades y para soportar con paciencia la pesada carga que pueda surgir en cualquier instante.

Si tenemos cualidades como fe, esperanza y perseverancia o logramos cultivarlas, seguramente encontraremos la vocación para la que estamos más preparados, y lograremos sobresalir en ella.

El ciego

Había una vez un ciego sentado en una vereda, con una gorra a sus pies y un pedazo de madera que, escrito con tiza blanca, decía:

"POR FAVOR, AYÚDAME, SOY CIEGO".

Un creativo de publicidad que pasaba frente a él, se detuvo y observó unas pocas monedas en la gorra.

Sin pedirle permiso tomó el cartel, le dio vuelta, tomó una tiza y escribió otro anuncio. Volvió a poner el pedazo de madera sobre los pies del ciego y se fue.

Por la tarde el creativo volvió a pasar frente al ciego que pedía limosna, su gorra estaba llena de billetes y monedas.
El ciego reconoció sus pasos y le preguntó si había sido él, quien reescribió su cartel y, sobre todo, qué había escrito.

El publicista le contestó:

—Nada que no sea tan cierto como tu anuncio, pero con otras palabras.

Sonrió y siguió su camino.

El ciego nunca lo supo, pero su nuevo cartel decía:

"HOY ES PRIMAVERA Y NO PUEDO VERLA".

Cambia de estrategia cuando no te salga algo bien y descubrirás que puede que resulte mejor de esa manera.

Te deseo una muy feliz existencia... y ten en mente que todo cambio renueva día con día tu vida...

Lo difícil es encontrar nuevas estrategias para lograr respuestas diferentes.

"Sería una verdadera locura pretender que las cosas cambien, si seguimos haciendo lo mismo". Esto es muy obvio, tanto que a veces se nos olvida...

Si ayudo a una sola persona a tener esperanza,
no habré vivido en vano.

Martin Luther King
A Testament of Hope

SECRETO 57

EL GRAN PODER DE LA ORACIÓN

La fe es la confianza en la fuerza que mueve al universo. La fe no es ciega, es visionaria. La fe es la convicción de que la energía del universo está de nuestro lado para ayudarnos a transformar nuestros sueños en realidad.

Cuando algo te esté preocupando, cuéntaselo a alguien en quien confíes; expresar y compartir los problemas nos sirve para reducir las tensiones, además, nos brinda la oportunidad de pedir ayuda a alguien más, para juntos solucionar de la mejor forma la situación que se nos está presentando.

En lugar de preocuparte, ocúpate, emplea tu tiempo y energía en algo que te distraiga, lee un libro, haz ejercicio, camina por el parque, vete de paseo o realiza alguna actividad que te ayude a despejar tu mente, con la finalidad de que al regresar puedas enfrentar la situación con un estado de ánimo más relajado, tranquilo y con energías renovadas, las cuales te den la fuerza necesaria para solucionar el problema.

Además de lo anterior, el gran poder de la oración te ayudará, tarde o temprano, a salir de cualquier dificultad o situación que exista sobre la faz de la Tierra. El universo derramará sobre ti una lluvia infinita de abundancia, sólo basta que te atrevas a confiar en el gran poder que tiene la oración, actuando con fe, sin dudar en que lo que pidas vendrá a ti para llenar tu vida de prosperidad.

La paz interior se encuentra al alcance de tu mano. Debes comprender que tú eres un canal de energía por el cual se transmite la acción divina; debes tener una mente receptiva y mucha fe, olvídate de tus problemas y piensa que Dios te acompaña en el camino y que Él todo lo puede. Si te repites constantemente, ante cualquier situación y bajo cualquier circunstancia: "Dios es todopoderoso", el problema se desvanecerá sin importar qué tan grande sea, Dios es una fuente infinita de energía, así que deja de pensar en tus dificultades y comienza a pensar en Dios, eso es todo lo que requieres para atraer poder a tu vida, directamente de la fuente infinita de energía.

Repite con frecuencia en tu mente: "Dios es amor, sabiduría, verdad, energía infinita. Dios está en todas partes, tiene poder infinito y lo comparte conmigo". No vale la pena tratar de entender a fondo estas cosas, sólo tienes que repetirlo sin parar. Deja de pensar en tus problemas y piensa sólo en Dios. Tu objetivo es sacarlos de tu mente, y pensar únicamente en Dios, éste es el gran secreto de la vida.

Al dejar que la fuente infinita de energía espiritual actúe sobre ti, te convertirás en una mejor persona y llegarás a comprender el gran poder de la oración. Recuerda que el poder de Dios es lo máximo que existe, utilízalo como guía y recuerda que siempre te acompaña en el camino. Da siempre lo mejor de ti, ten en cuenta que en el momento en que Él comienza a actuar tu mente se aclara. Disfruta tu viaje, olvídate del resultado final, y déjalo todo en manos de Dios.

Invocar constantemente el nombre del Señor es la llave secreta para abrir la puerta que permitirá que la prosperidad y la abundancia entren en tu vida.

El reino de Dios está dentro de nosotros.

Jesús de Nazaret
La Biblia

SECRETO 58

PALABRAS DEL CORAZÓN

Sigue tu destino adonde sea que te lleve. Hay un momento en la vida en que comprendes que ha llegado el tiempo de cambiar, y si no lo haces, nada jamás podrá cambiar. Comprendes que si al fracasar no tienes el coraje de comenzar de nuevo, la vida seguirá sin ti. La dicha no nos acompaña siempre y nuestra vida a veces se torna diferente a lo que nos imaginamos.

No siempre nuestros días nos brindan lo que esperamos. Sin comprender por qué, a veces toman rumbos tan imprevisibles que ni en tus sueños se hubieran asomado. Pero si no te animas a escoger un camino o a realizar un sueño, estás en gran peligro de vagar sin rumbo y perderte. En vez de preguntarte con mil ansias por qué tu vida se ha tornado como es ahora, acepta el camino abierto que te espera. Olvídate de lo que fue, no te confundas. Eso ya pasó. Sólo el presente importa. El pasado es una ilusión y el futuro todavía no existe. Pero vivimos hoy. Mide tus pasos uno a uno, sin perder la fe, guardando tu valor y confianza. Con tu frente en alto, no temas soñar, ni mirar las estrellas. Con un poco de paciencia tu vigor volverá y encontrarás tu vía. Una senda más bella y serena de lo que has soñado te llevará adonde quieras que te lleve, cumpliendo todos tus deseos. No pierdas confianza en tus fuerzas, y toma esa nueva vía. Verás que está llena de alegría, de aventuras y deleites como en tus sueños no imaginaste. Cree en ti.

Todos tenemos adentro una brújula que nos conduce adonde anhelamos. No olvides confiar en ella, consúltala a menudo, porque el conocer su presencia te dará fortaleza para lo que la vida te depare. No permitas que te desvíen. Pídele la verdad a tu corazón, y te dará la respuesta y el discernimiento para tomar las decisiones adecuadas. Ama a todos, y no esperes agradecimientos. Haz lo mejor que puedas. Vive cada día con plenitud. Nadie puede leer el futuro, pero sí crearlo con el poder de sus pensamientos y la fuerza de sus acciones tomadas hoy.

Recuerda: para todas tus preguntas, en tu interior, a la vera del camino, habrá respuestas más claras, soluciones aceptables. Hace falta paciencia y confianza para alcanzar la meta, solucionar problemas y realizar todos tus sueños. Aunque por momentos parezca que ya no puedes seguir, conozco tu fortaleza, y sabrás sobrellevar todo lo que la vida te depare. Cree siempre en ti.

De nada sirve al hombre lamentarse de los tiempos en que vive.
Lo único bueno que puede hacer es intentar mejorarlos.

Thomas Carlyle

No te molestes en ser mejor que tus contemporáneos
o tus predecesores, sólo intenta ser mejor que tú mismo.

William Faulkner

These 13

SECRETO 59

CONSEJOS PARA VIVIR MEJOR

Comienza el día cantando. La música es alimento para el espíritu. Canta cualquier canción, canta desafinando, pero canta. Cantar dilata los pulmones y abre el alma para todo lo bueno que la vida te ofrece. Si insistes en no cantar, por lo menos escucha bella música y déjate llevar por ella.

Ríete de la vida, ríete de los problemas, ríete de ti mismo. La gente comienza a ser feliz cuando es capaz de reírse de sí misma. Ríete de las cosas buenas que te suceden. Ríete abiertamente para que todos se puedan contagiar de tu alegría.

No te dejes abatir por los problemas. Si procuras convencerte de que estás bien, vas a terminar convenciéndote de que verdaderamente lo estás, y cuando menos lo pienses te vas a sentir realmente bien.

El buen humor, así como el mal humor, se contagian. ¿Cuál de ellos vas a escoger? Si estás de buen humor, las personas a tu alrededor también lo estarán y eso te dará más fuerza.

Lee cosas positivas. Lee buenos libros, lee poesía, porque la poesía es el arte de mejorar el alma. Lee romances, historias de amor o cualquier tema que haga reavivar tus sentimientos más íntimos, más puros.

Practica algún deporte. El peso de la cabeza es muy grande y tiene que ser contrabalanceado con algo. Además te vas a sentir más dispuesto, más animado, más jovial.

BIBLIOGRAFÍA

Arnot, Robert, *La biología del éxito*, Ediciones Urano, 2000.

Bland, Glenn, *Trace su camino al éxito*, UNILIT, 1992.

Chopra, Deepak, *Vida sin condiciones*, Javier Vergara, 1992.

Ciaramicoli, Arthur, *El poder de la empatía*, Javier Vergara, 2000.

Covey, Stephen R., *Los 7 hábitos de la gente altamente efectiva*, Paidós, 1995.

DeGreen, Keith, *Creating a Success Environment*, Summit Enterprises, 1979.

James, William, *Principios de psicología*, Fondo de Cultura Económica, 1989.

Kinder, Melvyn, *Comprenda sus estados de ánimo*, Javier Vergara, 1995.

Lange, Sigrid, *El libro de las emociones*, Edaf, 2000.

Leonard, Jim, *La habilidad de ser feliz*, Obelisco, 1997.

Maltz, Maxwell, *Psico-cibernética*, Herrero Hermanos, 1961.

____________, *The Search for Self-Respect*, Grosset & Dunlap, 1973.

Maslow, Abraham, *Motivación y personalidad*, Sagitario, 1975.

Muller, Gordon, *Superacion personal*, Edicomunicación, 1992.

Munford, Prentice, *Nuestras fuerzas mentales*, Kier, 1982.

Pauling, Linus, *Cómo vivir más y sentirse mejor*, Planeta, 1993.

Repollés, José, *Conócete a ti mismo*, Bruguera, 1990.

Robbins, Anthony, *Controle su destino*, Granica, 1992.

Taylor, Gordon Rattray, *El cerebro y la mente*, Planeta, 1980, 1989.

Los diez mandamientos de la actitud mental positiva

1. No juzgar nunca el día por el clima.
2. Cambiar la manera como empezamos el día.
3. No permitir que lo que está fuera de nuestro alcance, influya en nuestras decisiones.
4. Protegernos de los mensajes negativos.
5. Cuidar la manera como nos expresamos de los demás y de nosotros mismos.
6. Cambiar la forma de saludar a los demás.
7. Desarrollar una visión clara de nuestras metas.
8. No perder nunca nuestra admiración por la belleza del universo.
9. Apreciar y dar gracias por aquello que poseemos, por nuestras experiencias y habilidades.
10. Tener grandes expectativas de nuestro día, nuestras actividades y de las demás personas.

Una actitud mental positiva no te convertirá en el más rápido o el más fuerte, pero sí te permitirá aprovechar al máximo tu potencial y obtener los mejores resultados. No sólo podrás utilizar eficazmente tus habilidades, sino que también te ayudará a evitar aquellas cosas sobre las que no tienes ningún control y que te afectan negativamente disminuyendo tus niveles de energía.

Carpe Diem (Aprovecha el día de hoy).
Palabras que nos recuerdan que la vida es corta
y que debemos apresurarnos para gozar de ella.

Quinto Horacio Flaco

Cómo vivir más y sentirse mejor

SECRETO 31

MEJORA TU ACTITUD

Una actitud positiva ante la vida te abrirá todas las puertas.

Pável Iván

Sólo quien programa su vida con optimismo, logrará alcanzar sus metas. El desarrollo de una actitud mental positiva es fundamental para alcanzar el éxito.

La diferencia entre el éxito y el fracaso es la postura que asumimos frente a las situaciones que la vida nos presenta, la capacidad de autoestima que tenemos y la forma como nos relacionamos positivamente con los demás.

Descubre los diez mandamientos de la actitud mental positiva y aprende a reprogramar tu mente subconsciente, con principios y actitudes que harán de ti una persona de éxito. Éste no depende de la suerte, sino de nuestra actitud ante la vida, en nuestro interior podemos encontrar la solución.

Actitud mental positiva es lo que define al ser humano avanzado, ya que la mente es tan poderosa que podemos lograr todo lo que nos propongamos; el optimismo es excelente y de gran ayuda para las personas que desean mejorar su calidad de vida.